KB150731

수학만점은
부모의 손끝에서 시작된다

수학만점은 부모의 손끝에서 시작된다

(초등수학 만점, 중학수학 만점, 고등수학 1등급을 만드는 최고의 공부법)

[행복한 교과서®] 시리즈 No. 58

지은이 ㅣ 최유란
발행인 ㅣ 홍종남

2022년 1월 15일 1판 1쇄 인쇄
2022년 1월 22일 1판 1쇄 발행

이 책을 만든 사람들
책임 기획 ㅣ 홍종남
북 디자인 ㅣ 김효정
교정 교열 ㅣ 이홍림
출판 마케팅 ㅣ 김경아
제목 ㅣ 구산책이름연구소

이 책을 함께 만든 사람들
종이 ㅣ 제이피씨 정동수·정충엽
제작 및 인쇄 ㅣ 천일문화사 유재상

펴낸곳 ㅣ 행복한미래
출판등록 ㅣ 2011년 4월 5일. 제 399-2011-000013호
주소 ㅣ 경기도 남양주시 도농로 34, 301동 301호(다산동, 플루리움)
전화 ㅣ 02-337-8958   팩스 ㅣ 031-556-8951
홈페이지 ㅣ www.bookeditor.co.kr
도서 문의(출판사 e-mail) ㅣ ahasaram@hanmail.net
내용 문의(지은이 e-mail) ㅣ bandi9568@naver.com
※ 이 책을 읽다가 궁금한 점이 있을 때는 지은이 e-mail을 이용해 주세요.

ⓒ 최유란, 2022
ISBN 979-11-86463-59-8
〈행복한미래〉 도서 번호 090

수학만점은
부모의 손끝에서 시작된다

|최유란 지음|

행복한미래

차례

1부.
수학과 멀어지지 않기 : 일상에서 시작하는 수학 접근법

4부.
만점 답안지를 가르는 평가와 채점의 모든 것

5부.
처음부터 다시! 선생님의 수학 공부 이야기

|일러두기|

* 이 책에 등장하는 학생의 이름은 가명입니다.
* 이 책에 등장하는 시험 문제는 실제 시험 문제와 유사하게 수정한 것입니다.

우리 아이의 수학 공부가 고민이라면

제 소개를 먼저 하겠습니다. 저는 고등학교에서 7년, 중학교에서 4년 근무하고 초등학생 아들을 키우고 있는 11년차 수학 교사입니다.

이 책은 사실 우리 아이도 수학을 잘했으면 좋겠다는 마음에서 시작된 고민과 생각을 정리한 것입니다. 제 경험을 바탕으로 생각한 내용들을 아이의 수학 공부에 대해 고민하는 부모님들과 나누고 싶었습니다.

만약 부모가 그려놓은 코스대로 가면 원하는 대학에 들어갈 수 있지만, 아이가 그럴 마음이 없다면 어떻게 해야 할까요? 아이 스스로 할 마음이 들게 해야 하는데, 그게 참 어렵습니다. 부모는 '수학이 어려우니 빨리 시작해서 열심히 하다 보면 좀 낫지 않을까' 하는 마음으로 선행학습을 시키기도 하지만, 자신의 수준에 맞지 않는 수학을 미리 접하면서 불안한 마음만 키우게 되는 아이들도 있습니다. 물론 부모도 큰 그림을 그려놓았고, 아이도 그 그림에 맞추어 잘 따라오는 것이 최상의 시나리오겠지요. 하지만 아이를 키우면서 새삼 느끼는 것은 아이는 부모의 마음대로 되지 않는다는 사실입니다.

저는 고등학교에 근무하면서 수학을 어려워하는 친구들을 위해 중학교 교육과정을 살펴봐야겠다고 생각했고, 중학교에 근무하면서는 초등학교 교육과정을 살펴봐야겠다는 생각을 했습니다. 어쩌다 보니 수학 교육과정을 두루 경험할 수 있게 되었지요. 그러나 결과적으로 그렇게 된 것이지, 이 책을 쓰기 위해서 미리 계획한 것은 아니었습니다. "나에게는 다 계획이 있었다."라고 하면 멋있어 보이겠지만, 사실 계획대로 흘러가지 않는 게 인생이지요.

수학 교육과정은 단계형으로 이루어져 있습니다. 부모님들도 들어보셨을 것입니다. 한 단계 한 단계 올라가는 계단이라고 생각하면 되는데, 앞의 계단을 제대로 오르지 않으면 그다음 계단을 오르기가 힘들어집니다. 그러므로 차근차근 하나씩 밟고 올라가야 합니다. 그런데 그 계단의 높이는 일정하지 않습니다. 높을 때도 있고 낮을 때도 있지만, 중요한 건 스스로 올라가야 한다는 겁니다. 대신 올라가줄 수는 없습니다. 누가 아이를 번쩍 들어서 올려주거나 손을 붙잡고 이끌어주면 좋겠지만, 꼭대기까지 그렇게 갈 수는 없기에 결국 아이 스스로 올라갈 수 있도록 연습을 시켜줘야 합니다.

지금 생각해보면 고등학교에서의 근무, 중학교에서의 근무, 초등학생 아이를 키우는 것 모두가 하나의 점이었고, 그 점들을 연결해서 교육과 정을 파악할 수 있었습니다. 그처럼 초등학교 수학, 중학교 수학, 고등학교 수학이 각각 하나의 점이라고 했을 때, 학생들도 그 점들을 연결시켜서 하나의 흐름으로 파악해야 합니다. 그런데 지금 학생들이 수학을 공부하는 모습은(물론 모두가 그런 것은 아니지만) 그저 하나하나의 '점'을 익히는 데 열을 올리고 있는 느낌입니다. 그러니 수학에 투자하는 시간과 비용은 많지만, 수학에 대해 즐거움을 느끼는 경우가 드문 것입니다.

초등학교에서는 같은 수의 합을 빨리 계산하기 위해 곱셈을 배웁니다. 중학교에서는 같은 수의 곱셈을 간단하게 나타내기 위해 거듭제곱을 배웁니다. 고등학교에서는 수열의 항들의 합을 나타내기 위해 급수를 배웁니다. 배우는 내용은 다르지만, 결국 우리는 같은 맥락으로 공부를 하는 것입니다.

세 점을 지나는 원은 어떻게 그릴 수 있을까요? 중학교 2학년에서 배우는 '외심'을 이용하면 됩니다. 삼각형의 세 변의 수직이등분선은 항상 한 점에서 만나므로 그 점을 중심으로 세 꼭짓점까지의 거리를 반지름으로 하는 원을 그리면, 이 원이 삼각형의 외접원입니다. 그렇다면 네 점을 꼭짓점으로 하는 사각형의 외접원도 항상 존재할까요? 원이 먼저 존재하면 그것에 내접하는 사각형은 언제든지 그릴 수 있지만, 그 반대의 상황에서는 외접원이 반드시 존재한다고 할 수 없습니다. 어떤 경우에 네 점이 한 원 위에 있을 수 있는지는 중학교 3학년 때 배우게 됩니다.

이렇게 개념들은 서로 긴밀하게 연결되어 있지만, 우리는 그저 단편소설들이 모여 있는 소설집을 읽는 것처럼 수학을 공부합니다. 초등학교부터 고등학교까지, 수학은 뒤에 나오는 내용에 대한 복선을 제대로 깔아둔 장편소설입니다. 우리는 거기 나오는 주인공들과 사건들의 이야기에 연결고리를 만들어서 이해해야 합니다. 소설을 읽으면서도 얼마나 집중했는지에 따라 작품을 받아들이는 정도가 달라지듯이, 수학도 마찬가지입니다. 앞뒤의 흐름을 잘 파악하려는 노력을 해야 합니다.

우리는 장편소설을 읽어내기가 힘들 때 쉽게 이해할 수 있게 설명된 책이나 요약본을 읽기도 합니다. 그러면 어떤 사건이 있는지는 알게 되지만, 그 안에 포함된 인물들의 내적 변화와 문장에 포함된 의미를 스스로 찾을 수 있는 기회를 놓치게 됩니다. 장편소설을 읽고 그 소설에 등장하는 인물들을 이해하기 위해 작가의 에세이를 읽거나 다른 소설을 읽을 수도 있습니다. 그러면 내용에 대해 더 깊이 이해하게 되는 것이 낭연합니다. 만일 혼자 읽기 힘들면 옆에서 같이 읽어주면 됩니다. 굳이 대신 읽고 설명해주는 것이 아니라, "다음에 어떻게 되는 거야?"라고 묻거나 "그 주인공은 왜 그러는 거야?"라고 묻기만 해도 읽는 사람의 이해 정도는 깊어집니다. 그렇게 한 권의 장편소설을 스스로 읽어내고 나면 스스로 "이 한 권의 책을 내가 읽었다."라는 자신감이 생깁니다. 시간이 오래 걸리는 방법이지만, 어찌 보면 가장 빠른 방법입니다.

중학교에서 배우는 수학 개념은 초등학교에서 배웠던 개념과 앞으로 고등학교에 진학해서 배우는 수학 개념의 연결고리라고 할 수 있습니다. 이 단계에서 수학을 포기해버린다면 다음 단계에서 회복하기가 어렵습니다. 중학생이 "수학에 자신이 없어요."라고 말하면 초등학교에서 배우는 수학의 개념을 다시 정확히 인지시키고 앞으로 열심히 하면 된다고 자신 있게 이야기할 수 있습니다. 그런데 고등학생이 "저는 기초부터 모르겠어요. 중학생 때 포기하고 공부를 안 했어요. 지금 다시 시작해도 될까요?"라고 묻는다면 저는 "어렵겠지만, 네가 얼마나 노력하느냐에 달려 있다."라고 이야기합니다. 실제로 수학을 어려워하는 중학생이 수학을 잘하기 위해 드는 시간과 노력의 몇 배를 투자해야만 되기 때문이지요.

그러므로 중학교 수학을 제대로 배우는 것이 중요합니다. 초등학생 때부터 수학을 공부하는 태도를 익히고, 공부하는 시간과 양을 늘리면서 현 단계의 개념을 충실히 이해해야 합니다.

그렇다면 개념을 익힌다는 의미는 무엇일까요? 자신의 입으로 하나의 개념에 대해 설명할 수 있도록 하는 것입니다. 책을 읽고 나서 누군가 "그 책 읽어보니 어때?"라고 물었을 때, "재밌어." 또는 "괜찮더라."라는 말로는 그 책을 제대로 설명할 수 없습니다. 그 책의 줄거리는 어땠고, 작가는 어떤 의도로 쓴 것이고, 어느 부분이 인상 깊었으며, 자신의 생각과 다른 부분은 어디인지에 대해서 정확히 말할 수 있을 때 그 책을 완벽하게 읽었다고 할 수 있으니까요. 한 번 훑어보고 그것과 관련된 기본문제를 풀 수 있다고 해서 개념을 이해한 것이 아닙니다. 반드시 자신의 말로 다른 이에게 설명할 수 있어야 합니다.

수업 시간에도 그런 방법으로 수업을 하려고 하지만, 여러 면에서 한계가 있습니다. 한 반에는 학생 수가 많으므로 모든 학생들에게 직접 개념을 설명할 기회를 주기에는 진도상 어려움이 있습니다. 따라서 집에서 부모님이 그 역할을 해주면 좋겠습니다. 그저 듣는 역할만 하고, 가르쳐주지 않아도 됩니다(가르쳐주지 않는 게 더 좋습니다). 잘못된 개념을 잡아주지 않아도 됩니다. 아이가 설명을 하다가 막히는 부분이 있다면 스스로 생각할 겁니다. '아, 내가 이 부분은 아직 잘 모르는구나.' 하고 말입니다. 그럼 교과서를 찾아보면서 그 부분에 대한 설명을 다시 읽어보겠지요.

부모님도 아이와 함께 수학을 했으면 좋겠습니다. "공부는 아이가 하는 것인데, 왜 부모가 해야 하나요?"라고 의아해하실 수도 있지만, 수학을 공부한 지 너무 오래되어서 수학이 얼마나 어려운 과목인지 잊었을 가능성이 큽니다. 옆집 아이는 잘하는데 왜 너는 수학을 못하느냐고 할 것이 아니라, 문제를 한번 풀어보세요. 그러면 자연스럽게 "그래, 엄마(아빠)도 어려웠어."라고 말해주게 됩니다.

저는 수학 선생님이라 다른 부모님보다는 조금 유리한 입장이긴 하지만, 꼭 그렇지도 않습니다. 중학교 2학년을 가르치는 해에는 중학교 2학년 수학을 제일 잘하고, 그 시기에 고등학교 모의고사 문제를 물어보면 어렵습니다. 고등학교에 근무할 때는 중학교 수학이 낯설었습니다.

문제집을 풀기 부담스럽다면 수학 관련 책을 읽는 것도 강력히 추천합니다. 지금 이 책을 읽고 있는 부모님이라면 아마 (자녀의) 수학(성적)에 대한 관심이 많으실 것입니다. 저는 수학 교사로서 '문제풀이식 수업'에 대한 회의감을 느끼고 수업에 대해 고민하기 시작했습니다. 물론 수업방식에 대한 고민도 했지만, 가르치는 내용인 수학에 대해서 더 많은 고민을 했습니다. 그리고 제가 찾은 방법이 바로 수학과 관련된 책을 읽는 것이었습니다.

수학 선생님이니 수학 관련 책 읽는 게 당연한 걸까요? 사실 '수학 관련 책 100권 읽기' 프로젝트를 시작하기 전까지는 저도 수학 관련 책을 읽은 것이 5권도 되지 않았습니다.

처음에 수학책을 읽기 시작했을 때는 기록하지 않고 그저 읽는 것에 초점을 두었습니다. 그렇다 보니 읽은 내용들이 마치 싸락눈처럼 흩어져 버리는 것 같았습니다. 그래서 잠시 스쳐 지나가는 것이 아니라, 눈에 보이는 실체가 되어야 한다고 생각했습니다. 싸락눈이 아닌 함박눈으로 만들자고 생각한 것이지요. 그래야 눈사람을 만들든지 눈싸움을 하든지 할 테니까요. 그 이후로 저는 책을 읽고 기록했고, 그것들이 모여서 하나의 흐름이 만들어졌습니다.

그렇게 수학책을 읽으면서 비로소 '문제 풀이'로 접근하는 수학이 아니라 '우리 주변의 실제 수학'을 만날 수 있었고, 수학을 애정 어린 시선으로 바라보게 되었습니다. 자세히 보아야 예쁘다는 말은 사실이더군요.

수학책을 많이 읽는다고 문제를 잘 풀게 되는 것은 아닙니다. 하지만 수학을 보는 눈은 확실히 달라지고, 공부 방법도 달라집니다. 집에서 부모님이 수학 관련 책을 읽고 있다면 아이의 마음에도 '수학'이 다르게 다가올 것입니다. 이 책도 아이의 시선이 머무는 곳에 두시길 바랍니다. 혹시라도 "엄마(아빠), 그 책에서 수학을 잘하려면 어떻게 하래?"라고 묻는다면, "이 책에서는 부모도 너랑 같이 수학 공부를 하라고 하는데? 수학이 얼마나 어려운지 알아야 한다고 말야."라고 대답해보세요. 아이는 환한 미소를 보여줄 것입니다.

사실 수학적 능력이 월등히 뛰어난 아이들은 그냥 두어도 수학 과목에 대한 관심과 의욕이 있어서 스스로 공부합니다. 그러나 이 책은 우리 아이처럼 수학을 어려워하는 평범한 아이들을 위해 썼습니다. 어떻게 하면 아이들의 수학 공부에 도움을 줄 수 있을지 고민하면서 말이지요.

얼마 전, 수학과 관련된 책을 쓰게 되었다고 친언니에게 말하니 돌아온 대답은 "그래, 네가 수학을 못했으니 할 말이 많겠다."였습니다. 저는 초등학교 3학년이 끝날 즈음까지도 구구단을 제대로 외우지 못했고, 그 일로 어머니는 담임 선생님으로부터 전화를 받기도 했습니다. 중고등학교를 다닐 때도 수학을 좋아하긴 했지만, 다른 사람들의 기준에 맞추어 잘한다고 인정을 받을 정도는 아니었습니다. 그런 제가 수학 선생님이 되었으니, 수학에 대한 허기짐과 스스로에 대한 부족함이 있었고, 그걸 메우고 싶었습니다. 처음부터 수학을 잘하거나 쉽게 이해했다면 아마 그런 노력도 하지 않았겠지요.

아이를 위해 기꺼이 시간을 내어 이 책을 읽으시는 부모님을 응원합니다. 이 책을 읽으면서 우리 아이의 '수학 공부'에 관해 고민하는 시간을 가지시길 바랍니다. 우리 아이들도 수학 공부를 좀 더 가깝고 즐겁게 여기게 되기를 바랍니다.

|1부|

수학과 멀어지지 않기

: 일상에서 시작하는 수학 접근법

수학 교실의 아이들

1

선생님이 되고 보니, 많은 학생들이 보이는 이런저런 특징을 관찰하게 됩니다. 수학 시간에 아이들이 보이는 모습을 몇 가지로 나누어보았습니다.

[사례1] 학원 숙제를 하느라 수업에 집중하지 못하는 학생

재학이는 수업 시간에 대답도 크게 하고, 발표도 적극적으로 하는 학생입니다. 이해되지 않는 부분은 수업이 끝난 뒤 따라 나와서 질문하기도 합니다. 공부를 잘하는 학생의 모습이지요. 하지만 성적은 그렇지 않습니다. 얼마나 열심히 했는지 알기에, 시험을 치고 나서 우울한 표정을 짓거나 성적을 확인하고 속상해하는 모습을 보면 덩달아 속상한 마음이 들기도 합니다.

1년 동안 수업을 진행하면서 재학이가 공부하는 방법을 유심히 살펴보았습니다. 보통 한 단원의 도입 부분에는 그 단원에서 배워야 할 '개념'에 대해 배우고 생각해보는 시간을 갖게 됩니다. 하지만 재학이는 그 시간이 아까운가 봅니다. 첫 질문을 어떻게 하면 좋을까 많은 고민을 하며 수업자료를 만든 저의 의도와는 달리, 재학이는 자신이 아는 만큼만 답을 적고 더 이상 고민하지 않았습니다. 다른 친구들이 문제에 대해 고민하고 서로 이야기를 나눌 때도 그 시간에 다른 문제집을 푸는 경우가 많았습니다. 학교에서 배우는 진도보다 앞서 나가는, 이른바 선행학습을 하고 있는 것입니다. 그 문제집을 푸느라 바빠서, 중요한 개념에 대해서 수업을 하고 있는데도 정작 그 시간에 집중하지 못하는 모습이었습니다.

그렇게 수업 시간이 지나고 나면 재학이의 학습지에는 답이 비어 있는 곳이 생깁니다. 이런 부분은 친구들과 대화하면서 해당 개념에 대해 새로 알게 된 부분을 '자신의 언어'로 정리해보라는 의미로 남겨둔 것인데, 그 과정을 거치지 않았으니 적을 수가 없는 것입니다. 그리고 나서는 수업이 끝나고 질문을 합니다. "이 문제의 답이 뭐예요?"라고 말이죠. 이미 수업 시간에 가르쳐준 부분인데도 집중하여 듣지 않았으니 전혀 맞지 않는 질문을 하기도 하고, 선행학습을 하다가 모르는 부분이 나오면 그 부분을 질문하기도 합니다. 재학이의 답안지를 다시 살펴보면, 문제풀이 방향이 아예 맞지 않고 엉뚱하게 푼 경우도 많습니다.

공부하는 시간과 들이는 노력에 비해서 성적이 나오지 않아 고민하는 재학이에게 '수학 공부하는 방법을 바꾸면 좋겠다.'라고 이야기했지만,

그런 자신의 공부 방법을 바꾸기는 쉽지 않아 보였습니다.

[사례2] 공부는 하고 싶은데 기초가 부족한 학생

해인이는 수업 시간에 조용해서 눈에 잘 띄지 않는 학생입니다. 앞에서 수업을 하는 선생님은 대답을 크게 하는 아이들에게 시선이 갔다가, 엎드리는 아이에게 시선이 갔다가, 질문하는 아이에게 시선이 갔다가, 또 떠드는 아이에게 시선이 머뭅니다. 그런데 해인이는 그 어디에도 해당되지 않습니다. 그저 수업 시간에 조용히 참여하는 아이입니다. 졸지도 않고 집중했기에, 내용을 이해하고 있는 줄 알았습니다. 그런데 수학시험 점수가 낮은 '기초부진 학생'들을 대상으로 별도로 진행하는 수업의 명단을 보니, 해인이가 포함되어 있었습니다.

수학은 계열성이 강한 과목이기 때문에 어느 부분부터 안 되는지 파악해야 합니다. 현재 중학교 3학년인데 초등학교까지는 열심히 했지만 중학교 1학년 때 공부를 거의 하지 않았다면, 중학교 1~2학년 내용 중에서 3학년 수학과 연관되는 부분을 같이 공부하는 것이 효과적입니다. 하지만 초등학교에서 배우는 연산부터 안 되는 경우도 많기에, 이 수업을 맡은 뒤 해인이에게 우선 준비해 간 초등학교 수준의 연산 문제를 풀어보도록 했습니다.

시간은 정해져 있는데 이 수업에서 아이들이 어려워하는 초등학교 연산 부분을 반복해서 연습하다 보면, 현재 수업 시간에 도움이 되는 내용은 다루어보지도 못하게 됩니다. 그래서 보통은 연산 연습을 하는 것으로 만족하기도 하는데, 해인이는 '기초반 수업'에 임하는 태도가 달랐습니다. 보통은 수업에 오지 않으려고 하는 아이들을 억지로 앉혀두고 진행하지만, 해인이는 열심히 하려는 모습을 보였습니다. 나누어주는 문제도 열심히 계산하고, 복습까지 하면서 익혔습니다. 정해진 수업 시간이 지나자 기초반 수업을 조금 더 하면 안 되냐고 할 정도였지요. 아쉽지만 그렇게 기초반 수업이 끝났습니다.

저는 학원을 부정적으로만 생각하지는 않습니다. 공교육에서 해주지 못하는 영역을 사교육에서 보충해주는 형태로 이용한다면 효과적일 수 있습니다. 그리고 초등학생 때부터 수학 공부를 하지 않아서 기초가 부족하고 어떻게 해야 할지도 모르지만, 중학교에서는 수학 공부를 잘 해보고 싶다면 학원 수업이 큰 도움이 될 수 있습니다. 이런 학생에게는 누군가 옆에서 지속적으로 코칭을 해주어야 하니까요.

물론 공부하는 습관이 생길 때까지 부모님이 옆에서 도와줄 수 있다면 가장 좋습니다. 초등학교 과정에 해당하는 문제집을 구입하고 아이에게 해당 부분의 *EBS* 강의를 듣게 한 다음, 일정한 분량만큼 풀고 나면 채점만 해주어도 많은 도움이 됩니다. 학교에서는 교사가 한 학생만을 붙잡고 지속적으로 봐주기는 어려우므로 학원 수업을 통해서나 가정에서 꾸준히 공부하면 많은 도움이 됩니다.

[사례3] 모둠활동에 대한 불만이 있는 학생

수학 수업에서 모둠활동을 하면 장점이 많습니다. 잘하는 친구는 자기가 아는 개념을 설명할 수 있는 기회를 가지게 되고, 수학에 자신 없는 친구는 다른 친구에게 물어보고 배울 수 있습니다. 하지만 이런 수업방식을 모든 학생들이 좋아하는 것은 아닙니다.

수학 성적이 좋은 보라는 아무리 설명해도 친구가 자신의 설명을 이해하지 못하자 다소 퉁명스러운 말투로 "왜 제가 설명을 해줘야 되나요? 설명은 선생님이 해야 하는 거 아닌가요?"라고 말했습니다. 자신이 안다고 생각했던 내용이지만 막상 설명하려니 쉽지 않았거나, 자기 생각에는 잘 설명했는데도 친구가 쉽게 이해하지 못하니 계속 반복하기가 귀찮았을지도 모릅니다. 아니면 친구에게 설명할 시간에 혼자서 문제를 푸는 것이 자기 공부에 더 도움이 된다고 생각했을 수도 있겠지요.

하지만 어떤 내용을 깊이 이해하고 자기 것으로 만드는 효과적인 방법은 바로 남에게 설명해보는 것입니다. 수업 시간에 반복해서 설명하는 선생님은 그 과정에서 가장 공부를 많이 하게 되는 것이지요. 그런 기회를 아이들에게도 주기 위해서 모둠활동으로 진행한 것인데, 보라는 자신이 성장할 기회를 마다한 것입니다.

집에서 아이가, 선생님이 설명하지 않고 아이들끼리만 서로 설명하도록 한다며 투덜거리면 부모님들은 어떻게 대답하시나요? "친구한테 차근히 설명하려니 힘들지? 하지만 내가 아는 내용을 다른 사람한테 설명하다 보면 그 과정에서 다시 개념이 정리되기 때문에, 내 공부에도 도움이 된단다."라고 아이들에게 잘 전달해주시기 바랍니다.

[사례4] 수업 내용을 모두 미리 풀어보고 오는 학생

수학 교과서에는 한 단원이 끝나고 나면 12~15개 정도의 마무리 문제가 있습니다. 한 단원에 포함된 내용을 얼마나 잘 이해했는지 문제를 풀며 확인하기 위한 거지요. 예전에는 학생들에게 문제를 풀게 하고 직접 칠판에 모든 문제를 풀이해주며 수업을 진행했지만, 몇 해 동안 경험해보니 이 방법이 학생들에게 도움이 되지 않는다는 것을 깨달았습니다. 요리 프로그램을 아무리 열심히 봐도 실제로 요리를 해보지 않으면 실력이 늘지 않는 것과 같은 맥락입니다. 요리 프로그램 볼 시간에 부족한 솜씨라도 야채를 다듬어 볶음밥이라도 만들어봐야 요리 실력이 좋아질 수 있겠지요.

그래서 지금은 학생들이 직접 참여할 수 있도록 '지식시장' 방식을 활용합니다. 많은 선생님들이 수업 시간에 적용하는 방법이기도 하고, 여러 가지 형태로 적용할 수도 있지만 저는 먼저 4명씩 모둠을 만들어 모둠에 배정된 문제를 모둠 안에서 해결하고, '2명이 남고, 2명은 가는' 방식으로 진행합니다. 그러려면 일단 아이들에게 미리 문제를 푸는 시간을 주어야 합니다.

운동을 좋아하는 자겸이는 선생님인 저보다 키도 더 크고, 목소리도 더 큰 학생입니다. 그런데 자겸이는 각자 문제를 풀어야 하는 이 시간에 가장 먼저 "저는 다 풀었어요!"라고 말했습니다. 처음에는 스스로 예습을 해왔다고 생각해서, 수업 시간에 문제를 푸는 시간을 줄 테니 집에서 공부할 때는 전 시간에 배운 것을 복습하는 게 좋겠다고 말했습니다. 그

랬더니 "제가 풀고 싶어서 푸는 거 아닌데요? 엄마가 계속 풀라고 해요." 라고 대답하더군요. 엄마가 교과서에 나오는 문제들을 수업 전에 미리 풀 어보게 하고, 직접 채점까지 해주셨던 겁니다. 그러니 정작 수업 시간에 아이는 다 했다고 생각하고 다른 친구들에게 장난을 치고 있었던 거지요.

그런 상태로 한 학기가 지났습니다. 중학생 때까지는 괜찮다 해도, 과 연 고등학생 때까지도 이 방법이 괜찮을까 하는 의문이 들었습니다. 학 교의 시험에는 지필고사도 있지만, 수업 과정에서 이루어지는 수행평가 의 비중이 제법 큽니다. 이 부분은 아이가 알아서 챙겨서 해야 하는 부분 인데, 부모가 언제까지나 일일이 챙겨줄 수는 없겠지요. 실제로 자겸이가 미리 문제를 풀어오지 않은 적이 있어서 물어보니, 엄마가 여행을 가셔서 해오지 못했다고 대답하더군요.

초등학생 때까지는 부모의 관심 정도가 아이의 학업에 도움이 되는 것이 맞습니다. 하지만 고학년이 될수록 공부의 주도권을 아이에게 넘겨 주는 연습이 필요합니다. 아이가 공부를 잘하기를 바란다면 더더욱 그렇 습니다.

당당한 수포자들

2

커피를 마실 거냐는 물음에 "저 커피 안 마시는데요?"라고 하면 우리는 "아, 그렇군요." 하고 더 권하지 않습니다. 그런데 이와 비슷한 대화가 수업 시간에 등장하기도 합니다. 학생에게 "왜 열심히 수업에 참여하지 않니?" 하고 질문하니 "저 수포자인데요?"라고 당당히 말합니다. 마치 커피를 더 이상 권할 수 없는 것처럼 이런 학생에게는 수학 공부를 더 이상 권하면 안 되는 것일까요?

수학 선생님의 역할은 학생들에게 수학을 만나게 해주는 것입니다. 그런데 학생이 아예 수학과 만나기를 거부한다면 수학 선생님의 존재 이유도 사라집니다. 수학을 좋아하고, 다른 사람들에게도 가르치고자 선택한 직업인데 그런 대답을 들으면 커다란 회의가 느껴지기도 합니다.

교사로 발령받은 지 얼마 되지 않았을 때는 이런 친구를 만나도 "그래. 지금까지 너는 수학을 공부하지 않았구나! 하지만 이제 나를 만났으니 너는 수학을 좋아하게 될 거야!"와 같은 패기가 있었지요(교직생활 중 이렇게 자신만만한 시기는 다시 오지 않을 것 같습니다). 그때는 목소리가 쉴 정도로 열심히 수업을 하고, 교재연구를 어떻게 하는지도 모르면서 여기저기서 자료들을 받아 학습지를 만들기도 했습니다. 심지어 제가 직접 출제한 문제로 아이들이 첫 시험을 치르는 전날 밤에는 잠을 이루지 못했지요. '내가 이렇게까지 열심히 수업했으니 이번에는 학생들의 성적이 좋을 거야. 만약 아이들이 전부 100점을 받으면 어떻게 하지?' 하는 걱정까지 했습니다. 그런데 수포자라고 당당하게 말하며 대놓고 수학 공부를 거부하는 아이들을 자꾸 만나다 보니, 어느새 점점 그런 아이들의 의견을 존중하는 교사가 되어갑니다. "아, 너도 수포자로구나. 그렇구나."

중학교에는 한 반에 그런 학생이 많아야 5명 정도였습니다. 살짝만 눈을 돌리면 여전히 수학 공부를 열심히 하려는 아이들이 있었기에 수업 자체에서는 문제점을 찾지 못했습니다. 그저 몇몇 아이들이 '수학(數學)을 수학(修學)할 능력이 없음'을 탓할 뿐이었지요. 고등학교에 발령받아 1, 2학년 수업을 주로 했을 때까지만 해도 크게 와닿지 않았습니다. 그런데 육아휴직 후 복직한 다음 해에 고3을 맡았을 때는 느낌이 달랐습니다.

이과반이었으면 사태의 심각성을 느끼지 못했을지도 모르지만, 문과반 수업을 하게 되었습니다. 그런데 3월까지만 해도 수업을 듣던 아이들이 모의고사를 치고 나서 자신의 수학 등급을 보고는 하나둘 수학 과목을 포기하는 것입니다. "이젠 어차피 안 돼요. 다른 과목을 공부하는 게 더 나아요."라고 하더군요. 그렇게 수학을 포기하는 아이들이 늘면서, 1학기를 마칠 무렵에는 누구와 눈을 마주치고 수업을 해야 할까 고민해야 할 정도였습니다.

어디서부터 잘못된 것일까요. 이 아이들도 어릴 때부터 부모님의 기대를 받으며 수학 공부를 했을 겁니다. 학원을 다니면서 시험 공부도 했을 테고, 스스로 공부하고 문제집을 풀었던 시간도 있었을 겁니다. 그런데 왜 결정적인 순간에 다들 '수포자'의 길로 들어서는 걸까요.

초등학교 3학년 때 나눗셈과 분수를 배우면서 학생들은 힘들어합니다. 이 둘은 연관되어 있는데도 별도의 내용으로 파악하는 것이지요. 중학교 2학년 때 도형을 배우면서 다시 위기를 겪습니다. 그러다가 고등학생이 되면 모의고사 때마다 수포자가 되느냐 마느냐 하는 갈림길에서 고민하게 되는 것입니다.

수포자는 어떤 사람들일까요? 수포자란 말 그대로 '수학을 포기한 사람'이라는 뜻입니다. 수학 점수가 잘 나오지 않더라도 스스로 포기하지 않는다면 수포자가 아닙니다. 시험성적이 잘 나와도 스스로 만족하지 못해서 수학을 놓아버리면 수포자인 것이지요. 어떤 절대적인 기준이 존재하는 것이 아니라 자신의 선택에 의해 결정되는 것입니다.

이 세상에는 춤을 잘 추는 사람도 있고 못 추는 사람도 있지만 '춤포자(춤을 포기한 사람)'라는 용어는 없습니다. 수학을 잘하는 사람도 있고 못하는 사람도 있지만, 함께 수학을 하는 분위기가 형성되어서 수포자라는 말이 사라졌으면 좋겠습니다. 물론 춤은 학교에서 모두가 시험을 치는 과목은 아니지만, 수학도 시험과목으로서의 수학만 있는 것이 아닙니다. 세상을 표현하는 하나의 언어로서의 수학도 존재합니다.

"우리 주변에는 수학이 쓰이지 않은 것이 없다."라는 말을 들어보셨을 겁니다. 이것을 단순히 듣거나 말하는 것과, 스스로 느끼는 것에는 엄청난 차이가 있습니다. 아무리 수학 문제를 잘 풀어도 우리 주변의 수학을 볼 수 없는 사람도 있습니다. 우리 아이가 과연 제대로 된 수학을 하고 있는지, 계산만 하고 있는 것은 아닌지, 그저 문제 푸는 스킬만 익히고 있는 것은 아닌지 다시 생각해볼 일입니다.

『수학의 배신』이라는 책에서는 수학을 힘들어하는 아이의 느낌이 어떤지를 이렇게 설명합니다. "교육과정에서 삼각법, 미적분, 고등수학을 강요하는 탓에, 수학에 소질이 없는 학생들은 극심한 스트레스와 함께 까다로운 장애물을 통과해야 한다. 마치 고등학교 졸업요건으로 모든 학생에게 클라리넷 협주곡 연주를 강제하는 것이나 마찬가지"라고 말합니다. 만약 음악적 재능이 전혀 없는 저에게 클라리넷으로 협주곡을 연주하라고 강요한다면 저도 학교에 다니고 싶지 않을 것 같습니다.

재능이라고 하면 많은 이들은 예술적 재능이나 특수한 직업에서의 재능을 떠올립니다. 또 엄청난 재능만이 가치 있다고 여기기도 합니다. 하지만 그런 기준으로는 자신이 가지고 있는 재능과 장점에 대해서 충분히 주의를 기울이지 못합니다.

재능이란 어떤 일을 남들보다 '쉽게' 할 수 있는 것이라는 글을 봤습니다. 서류를 잘 정리한다거나, 모르는 사람과도 즐겁게 이야기를 나누는 것, 눈썰미가 좋은 것도 재능일 수 있습니다. 쉽게 눈에 띄지 않는 재능은 스스로 충분히 주의를 기울여 찾아야 합니다. 자신의 삶에 그 정도의 관심과 노력조차 기울일 생각이 없다면 타인은커녕 스스로의 존중도 얻기 어렵겠지요.

물론 수학에 재능이 있다면 아주 감사한 일이겠지만 그런 사람은 드뭅니다. 그리고 수학에 재능이 없다 하더라도 '끝까지 포기하지 않고 문제를 생각하는 시간을 견디는 재능'을 가질 수는 있습니다. 아니면 '수학적 개념으로 일상의 모습들을 연결시켜 글을 쓸 수 있는 재능'도 있지 않을까요? 저는 어린 시절에 책도 읽지 않았고 수학 공부도 효율적으로 하지 못했습니다. 수학 관련 책을 계속 읽을 수 있는 재능이 있다는 것을 깨달았습니다. 관심 있고 재미를 느끼는 것에 무던하게 시간을 쓰는 것이 저의 재능입니다. 수학을 잘할 수 있는 능력 중에 가장 큰 것은 '시간을 견디는 힘'이 있는지의 여부가 아닐까 합니다.

시기별로 접하는 수학의 범위는?

3

많은 이들이 고등학생 때까지는 사이가 좋든 좋지 않든 누구나 수학과 떨어지려 해도 떨어질 수 없는 시간을 보냈을 겁니다. 그러나 저는 대학생 때부터 성인이 되어서까지도 수학과 함께해왔습니다. 그렇게 지나온 시간을 돌아보니, '이 시기에는 이렇게 했으면 훨씬 좋았겠다.' 하는 생각이 들기도 합니다.

어린 시절에는 일상생활에서 수학을 찾아보면서 수학에 대해 민감해지는 기회를 가지면 좋겠습니다. 초등학생 때는 책을 읽으면서 문해력을 키우고, 책 안에서 수학을 접해보는 것이 좋습니다. 중학생 때부터는 본격적으로 수학을 공부하는 습관을 길러나가면 좋겠습니다. 고등학생 때는 자신에게 맞는 방법으로 많은 시간을 투자하면 수학과 더 가까워질 것입니다.

겨울이 되면 많은 사람들이 독감 예방 접종을 합니다. 이 주사를 맞는다고 해서 독감에 걸리지 않는다고 100% 보장할 수는 없지만, 그래도 주사를 맞으면 조금 덜 아프게 지나간다고 합니다. 제가 그 시기에 해야 할 것들을 추천하는 것도 그런 의미입니다. 이렇게만 하면 수학을 잘할 수 있다는 의미라기보다는 '수학과 친해질 수 있는 방법'으로서 추천하는 것입니다. 100% 잘하게 된다는 건 아니지만, 잘할 확률이 높아지는 것입니다.

성장하면서 접하는 수학의 범위는 점차 넓어집니다. 수는 자연수에서 시작해서 복소수까지 확대되고, 함수의 종류도 점점 다양해집니다. 먼저 '수'의 범위가 어떻게 확대되는지 살펴보겠습니다.

어릴 때 우리가 가장 먼저 접하는 수는 자연스럽게 하나, 둘, 셋을 세면서 등장하는 '자연수'입니다. $x+4=0$이라는 방정식을 풀기 위해서 음수가 필요하게 되고, 자연수와 0과 음의 정수를 합하여 '정수'라고 부릅니다. $2x+5=0$과 같은 방정식의 해는 분수가 나옵니다. 분수로 나타낼 수 있는 수를 '유리수'라고 합니다. 유리수까지 알고 나면 모든 일차방정식을 해결할 수 있습니다. 여기까지가 중학교 1학년에서 배우는 부분입니다.

중학교 2학년 때는 유리수와 순환소수의 관계를 다루면서 '순환하지 않는 무한소수'가 존재한다는 것을 알게 됩니다. 유리수가 아닌 수가 존재하는 것이지요. 중학교 3학년 때 이 수들에 '무리수'라는 이름을 붙이고 $x^2-2=0$이라는 이차방정식을 풀게 됩니다. 유리수와 무리수를 합쳐서 '실수'라고 합니다. 이 실수를 그림으로 나타낸 것이 바로 실직선입니다. 실직선 위에 있는 모든 점은 하나의 실수와 일대일대응된다고 할 수 있습니다.

고등학생이 되면 방정식 $x^2+1=0$의 해를 구하기 위해 '허수'가 등장합니다. 실수와 허수를 통틀어 '복소수'라고 부릅니다. 여기까지가 고등학교에서 배우는 수의 범위입니다. 이렇게 우리가 알게 되고 배워가는 수의 범위가 넓어집니다.

조금 더 수학에 관심을 가지게 된다면 더 큰 수의 범위는 없는지 궁금할 수 있습니다. 복소수를 '이원수'라고도 부릅니다. $a+bi$(a, b는 실수) 형태로 나타내지기 때문입니다. 그럼 삼원수는 없을까? 하고 생각할 수 있겠지요. 그런데 삼원수는 존재하지 않는다는 것이 증명되었습니다. 그렇다면 사원수는? 있습니다! 이는 해밀턴이 자신이 살던 마을의 브룸 다리를 아내와 함께 걷다가 불현듯 떠올린 것으로, '해밀턴 수'라고도 부릅니다. 더 나아가 '케일리 수'라고 불리는 팔원수도 존재합니다.

이번에는 함수를 배우는 과정에 대해서 살펴보겠습니다.

어린 시절에 우리는 일상생활에서 규칙을 발견합니다. 하루는 24시간이고 일주일은 7일, 1년은 365일이라는 것을 알게 됩니다. 시계를 보면서 60분이 1시간, 60초가 1분이라는 것도 알게 되지요. 아침에 눈 떠서 밥을 먹고 학교에 가는 일상도 규칙적입니다. 초등학교에서는 '함수'를 배우지 않고, '규칙성'을 찾는 연습을 합니다. 고등학교에서 수업

할 때 "수학의 꽃은 함수다."라는 말을 자주 했었는데요, 초등학교에서는 해당하지 않습니다. 중학교 1학년 때 '좌표평면과 그래프', '정비례와 반비례' 관계를 배웁니다. 중학교 2학년 때 '일차함수', 중학교 3학년 때 '이차함수'를 배웁니다. 고등학교 1학년 때 '이차함수', '유리함수', '무리함수'를 배웁니다. 고등학교 2학년부터는 '지수함수', '로그함수', '삼각함수'를 배웁니다. 또한 이 함수들의 연속과 극한에 대해 배우고 함수의 미분과 적분에 대해서 배웁니다.

우리가 성장해감에 따라 수학에서 배우는 내용들도 함께 성장하고 있음을 알 수 있습니다.

모든 것이 수학이다

미취학 아이에게는 모든 것이 수학입니다. 엄마랑 손잡고 계단을 오르면서 "하나, 둘, 셋" 하고 세는 것, 과자를 먹으면서 "산이 1개, 엄마 1개, 산이 2개, 엄마 2개" 하고 짝을 지어보는 것, 신호등을 보면서 "초록 불 다음에 빨간 불, 빨간 불 다음에 초록 불"이라는 규칙을 찾아보는 것, 외출을 준비하면서 "속옷 입고, 상의 입고, 하의 입고, 양말 신고, 외투 입고, 신발 신는" 순서를 생각해보는 것 등 모든 것이 수학입니다.

저는 어린 시절부터 숫자를 좋아하는 아이였습니다. 길을 지나다가 차 번호판을 보면 그 숫자를 읽었고, 무언가 규칙이 찾아지면 기뻤습니다. 2468, 1357처럼 단순한 규칙을 찾기도 했고, 우리 가족의 생일이나 전화번호와 같은 번호판을 찾는 재미도 컸습니다. 1111, 2222처럼 같은 숫자가 4번 반복되는 것을 보면 복권의 숫자를 맞춘 듯 즐겁습니다. 어른이 된 지금도 차 번호판을 유심히 봅니다. 특히 위대한 수학자 라마누잔이 탔던 택시 번호인 1729를 보면 혼자서 '오늘은 재수 좋은 날이겠군!' 하고 밑도 끝도 없는 생각을 합니다. 1729는 1^3+12^3과 9^3+10^3으로 풀어지며, 세제곱한 두 숫자를 합해 얻을 수 있는 가장 작은 수로 유명합니다.

아이와 어린이집 차를 기다리면서도 함께 차 번호판을 읽었습니다. 아이가 숫자를 배울 때는 일, 칠, 이, 구 이렇게 읽다가 (초등학생이 되어서) 천의 자리까지 읽을 수 있게 되자 천칠백이십구라고 읽는 연습을 합니다. 이렇게 읽다 보면 1290, 1209처럼 0이 들어감에 따라 읽는 방법이 달라지는 자릿값의 원리도 은연중에 익힐 수 있고, 0의 역할이 무엇인지에 대해서도 이야기해볼 수 있습니다. 숫자를 보고 더하기 연습도 가능합니다. 1234라면 1+2+3+4는 몇인지 퀴즈처럼 아이에게 물을 수 있습니다. 두 자리 덧셈이 가능하다면 12+34는 몇인지 물을 수도 있겠지요. 이렇게 차 번호판만으로도 할 수 있는 수학 이야기는 무궁무진합니다.

저는 규칙 찾기를 좋아합니다. 남편의 이름을 보고 결혼한 것도 아니고 아이의 이름을 지을 때 고려했던 것도 아닌데, 아이의 이름까지 짓고 보니 우리 가족의 이름에는 규칙이 있었습니다. 남편 이름의 끝 글자 '만', 제 이름의 끝 글자 '란', 아들 이름의 끝 글자 '산'에서 규칙이 찾아지시나요? 아이에게 우리 가족 이름을 알려주려고 적다가 발견했습니다. 만(MAN), 란(RAN), 산(SAN)의 공통적인 부분을 떼어

내 "MRS&AN"이라고 정하고, 가랜드 파는 곳에 주문해 현관에 걸어 두기도 했습니다.

횡단보도를 지날 때는 검은색과 흰색 선이 번갈아 등장하는 규칙을 보면서 이야기합니다. 검은색, 흰색, 검은색, 흰색……. 은연중에 아이도 따라 합니다. 저는 또 길을 걸을 때 타일의 모양에 맞추어 밟으며 가는 습관이 있는데, 그 타일 모양에서도 규칙성을 발견할 수 있습니다. 이런 엄마의 영향을 받아서인지 아이가 가끔은 말도 안 되는 규칙을 찾기도 합니다. "엄마, 바흐랑 고흐는 형제예요?"라고 물었던 것이 대표적인 예입니다. 또 한번은 위인전을 읽어주다가 "산아, 간디가 누군지 알아?"라고 물었습니다. 아이는 "당연히 알지. 우리 전에 야구장 갔을 때 봤잖아!"라고 엉뚱한 대답을 했습니다. 잠시 무슨 말인가 싶었지만, 생각해보니 '간디'와 '단디'를 헷갈렸던 것입니다. '단디'는 NC다이노스의 마스코트 이름이거든요. 아무튼 어린 아이들일수록 즐겁게 이런 규칙을 찾는 놀이를 할 수 있습니다.

저는 아이와 가끔 끝말잇기와 비슷한 맥락으로 수 세기를 하기도 했습니다. 아이가 먼저 1, 하고 시작하면 제가 2, 아이가 3, 제가 4, 이렇게 다음 숫자를 말하는 단순한 게임입니다. 하지만 그렇게 세다 보면 10 다음에 11이라는 것, 29 다음에는 30이 나온다는 것을 자연스럽게 익히게 됩니다. 일, 이, 삼으로도 세어보고 하나, 둘, 셋으로도 세어봅니다.

초등학교 1학년 1학기 과정에는 '1부터 50까지 세기'가 나옵니다. 그러므로 너무 서두르지 않고 초등학교에 가서 배워도 됩니다. 아이에게

10, 20, 30, 40, 50이 "열, 스물, 서른, 마흔, 쉰"이라는 것을 알려주었지만 아이는 기억하지 못했는데, 학교에 입학해서 수업 시간에 친구들과 함께 배우고 나더니 금세 익혀 이야기하더군요. 이렇게 학교에서 배울 수 있는 부분은 학교에 맡겨두는 것도 좋습니다. 전부 다 알고 가면 수업 시간이 지루해질 테니까요.

한국뇌연구원 초대 원장인 서유헌 교수는 조기교육의 위험성에 대해 다음과 같이 말합니다. "영유아의 두뇌는 신경 회로가 완전히 발달하지 않은, 매우 엉성한 상태예요. 엉성한 전기 회로에 과도한 전류를 흐르게 하면 과부하가 걸리듯, 과도한 조기 교육은 과잉학습장애 증후군, 우울증, 애착 장애를 불러올 수 있습니다." 한마디로 조기 교육은 조립을 채 끝내지도 않은 자동차를 몰고 고속도로를 달리는 것과 같습니다.

『공부머리 독서법』에 나오는 위의 글은 영유아의 학습에 대해서는 많은 주의가 필요하다는 것을 알려줍니다. 제 생각과 기본 태도도 그와 같습니다. 학습적인 요소로 접근하지 않더라도 수학은 일상생활 어디에나 있기 때문에 충분히 노출이 가능합니다. 그러므로 위의 글처럼 '엉성한 전기 회로'에 '과도한 전류'를 흐르게 하는 것이 아니라 '적정한 전류'를 흐르게 하려면, 아이가 쉽게 접할 수 있는 주변에서부터 조금씩 학습의 개념들을 익힐 수 있도록 해야 하지 않을까요?

아이가 어릴 때부터 보드게임을 같이 했습니다. 나무를 쌓고 하나씩 빼다가 무너지면 지는 젠가, 망치를 하나씩 들고 얼음을 깨다가 펭귄이 떨어지면 지는 펭귄 얼음 깨기, 칼을 하나씩 꽂다가 해적이 튀어 오르면 지는 후크 룰렛, 줄 지어 나란히 세워놓고 한 블록을 넘어뜨리면 이어서 연달아 넘어지는 도미노 게임 같은 것들입니다. 아이는 다섯 살 무렵까지는 아주 간단한 규칙의 게임만 할 수 있었는데, 자라면서 더 복잡한 규칙을 가진 것들도 하게 되었습니다. 카드를 모두 뒤집어놓고 같은 것 두 개를 찾아내는 메모리 게임, 주사위를 굴려서 그 수만큼 가면 되는 게임들, 5가 만들어지면 종을 치는 할리 갈리, 같은 그림을 찾으면 카드를 챙기는 도블 등은 어린 나이라도 재미있게 할 수 있습니다.

코로나19로 집에서 생활하는 시간이 점차 길어지면서, 본격적으로 보드게임을 하게 되었습니다. 아이는 일곱 살이 되었고 우노, 쉐입스 업, 윷놀이, 러시아워, 루미큐브, 셈셈 피자, 부루마블 등 많은 게임을 했습니다. 게임을 시작하면 시간이 훌쩍 지나갑니다.

게임의 규칙을 익히고 정정당당하게 하는 것을 배우며, 긴 시간 앉아서 무언가에 집중하는 엉덩이 힘을 기를 수 있다는 점에서는 보드게임만한 것이 없습니다. 재밌게 게임을 하면서 각자 얻은 점수를 계산할 때에도 수학이 필요하지요. 이렇게 일상생활과 놀이 등 모든 곳에서 수학을 접할 수 있습니다.

모든 책에는 수학이 숨어 있다

초등학생이 수학과 친숙해지려면 어떤 방법들이 있을까요? 먼저 책을 통해 접하는 방법이 있습니다. 수학책을 말하는 것이 아닙니다. 모든 책에는 수학이 숨어 있으니까요.

아이가 전래동화에 빠져 지내던 시기가 있었습니다. 저도 책을 읽어주면서 처음 알게 되는 내용이 많았는데, 그중의 하나가 『설문대 할망』입니다. 바닷속의 흙을 삽으로 떠서 제주도를 만들었다는 키가 크고 힘이 센 제주의 여성 신에 관한 설화입니다.

이 할머니 신 덕분에 백성들은 풍족하게 삽니다. 그런데 설문대 할망이 백성들에게 자신의 속옷 한 벌만 만들어주면 육지까지 다리를 놓아주겠다고 하지요. 그래서 백성들이 모두 모여 꼬박 석 달 열흘 동안 실을 뽑았고, 길게 뽑은 그 실로 또 석 달 열흘간 옷감을 짠다는 이야기가 나옵니다. 하지만 결국 옷감이 부족해서 속옷을 만들지 못해 육지로 가는 다리는 생기지 않았습니다.

'석 달 열흘'이란 표현은 막연하게 오랜 기간을 의미할 때 씁니다. 정확히 얼마 동안을 의미하는지는 생각해보지 않았습니다. 일곱 살 때는 아이가 책을 읽고도 딱히 질문을 하진 않았습니다. 여덟 살이 되니 세부적인 것까지 질문을 합니다. "엄마, 그런데 석 달 열흘이 뭐야?"라고요.

"석 달 열흘은 석 달 하고도 열흘을 더한 거잖아. 한 달은 보통 30일이니까 석 달이면 얼마지?"

"30이 세 번? 90일!"

"그렇지. 석 달이 90일이고, 열흘은 10일이니까 그럼 석 달 열흘은 며칠일까?"

"우와, 100일이네!"

정말 그랬습니다. 별생각 없이 입에 올리던 '석 달 열흘'이 100일을 말한다는 것을 새삼 알게 되었습니다.

아이에게 아직도 책을 읽어줍니다. 읽기 독립이 이루어지지 않았기 때문이지요. 수학과 전혀 관련이 없는 책에서도 수학을 만나게 되는 경우가 많습니다. 『화요일의 두꺼비』를 읽으면 올빼미가 두꺼비를 잡아먹기로 한 화요일이 다가오기까지 "닷새밖에 남지 않았다니!", "나흘밖에 안 남았어."라는 표현이 나옵니다. 이럴 때는 그냥 넘기지 않고 "닷새는 며칠을 말하는 걸까?", "나흘은 며칠을 말하는 걸까?"라고 질문하면서 자연스럽게 '하루, 이틀, 사흘, 나흘, 닷새, 엿새, 이레, 여드레, 아흐레, 열흘'이라는 표현을 익히도록 할 수 있습니다. 요즘 아이들이 우리말 표현을 잘 몰라서 '사흘'을 4일이라고 생각하는 경우도 있었습니다.

책에는 두꺼비를 도와주러 온 사슴 쥐와 관련된 내용으로 "열네 마리가 서로 부딪혔어. 그중 일곱은 발목을 삐고, 넷은 코를 박고, 셋은 뒤로 물러나다가 스키 봉에 찔렸거든."이라는 표현이 나옵니다. 이런 부분에서는 "이 문장을 식으로 나타내볼까?"라고 접근할 수 있습니다. 아이는 잠깐 생각하더니 "7+4+3=14, 열네 마리 맞네."라고 금세 정답을 말합니다.

어떤 책이라도 이런 예를 들 수 있습니다. 『생쥐를 초대합니다』라는 책의 시작 부분에는 고양이가 저녁으로 무얼 먹을지 고민하면서 "메뚜기 마흔일곱 마리는 어떨까? 아니면 귀뚜라미 예순아홉 마리를 먹거나."라고 말합니다. 이 문장을 읽고 아이들이 직접 "열, 스물, 서른, 마흔, 쉰, 예순, 일흔, 여든, 아흔"이라는 표현을 말해보고, 익숙해지게 할 수 있습니다. 책 읽는 흐름이 끊어진다고 생각할 수도 있지만, 아이들은 오히려 책에 더 집중하게 됩니다.

학생들 중에는 "삼십칠 살"이라고 말하거나('삼십칠 세' 또는 '서른일곱 살'이 맞습니다.) "구십네 살"('구십사 세' 또는 '아흔네 살'이 맞습니다.)이라고 말하는 경우가 있습니다. 하지만 나이를 나타낼 때 '세(歲)'는 한자어라서 '삼십칠 세'라고 해야 하고, 고유어인 '살'과 같이 쓸 때는 '아흔네 살'이라고 해야 합니다. 이런 것은 일상생활에서, 또는 책을 읽으면서 알려주는 게 훨씬 자연스럽습니다. '10시 10분'을 읽을 때도 '십시 십분' 또는 '열시 열 분'이 아니라 '열 시 십 분'이라고 읽는다는 것을 자연스럽게 배울 수 있습니다.

책을 다 읽고 나니 아이가 웃으면서 "엄마, 이 책에서 규칙 찾은 거 없어?"라고 묻습니다. 무언가 규칙을 찾은 거지요. 제가 모르겠다고 하자, 동물 친구들이 초대받아서 찾아가는 시간이 한 시간씩 늦어진다고 신나게 얘기합니다. "여섯 시, 일곱 시, 여덟 시" 이렇게 한 시간씩 늦어진다고요. 이렇게 별것 아닌 것들도 규칙을 찾으며 읽다 보면 더 재미있습니다.

귀여운 검은 고양이가 등장하는 『고양이 해결사 깜냥 1』이라는 책을 읽을 때였습니다. 책 내용 중에 "아저씨는 올 때마다 선물을 갖다 주거든. 간식, 장난감, 간식, 간식, 장난감, 간식……. 오늘은 뭘 가져왔을까?"라는 부분이 나옵니다. 저는 아이와 둘이서 과연 그다음에 간식과 장난감 중에서 무엇을 가져다 주었을지 맞춰보기로 했습니다.

여기에서는 다양한 방법으로 규칙을 추측할 수 있습니다. 만약 규칙이 (간식, 장난감), (간식, 간식, 장난감), (간식, 간식, 간식, 장난감)과 같이 간식이 하나씩 늘어나는 것이라면 오늘 가져온 것은 간식이어야 합니다. 그런데 만약 (간식, 장난감), (간식, 간식, 장난감), (간식, 장난감), (간식, 간식, 장난감)이 규칙이라면 이번에는 장난감이어야 합니다. 그것도 아니고 (간식, 장난감, 간식), (간식, 장난감, 간식)과 셋으로 묶을 수 있는 규칙이라면 이번에는 장난감이어야 하겠지요. 마지막으로 *EXID*의 〈위아래〉라는 노래 가사에 대입해서 "위, 아래, 위, 위, 아래"에 맞춰보자면 이번에는 장난감이 되겠지요. 책에서의 결론은 '장난감'이었습니다. 이렇게 다양한 규칙에 대해서 재미있게 생각해보면서 책을 읽을 수도 있습니다.

위와 같은 대화는 부모님이 수학을 잘하지 못해도, 아이가 특별히 학구적이지 않아도 관심만 가지면 누구나 할 수 있습니다. '수학'으로 이행시를 지어보라고 하니 "수: 수리 수리 마수리, 학: 학교야, 사라져라 뿅!" 이라고 하는 천방지축 아들도 재밌어했으니까요(학교가 사라지길 바라는 아들이, 부디 학교 시스템에 잘 적응해주길 바랄 뿐입니다).

초등학생에게는 수학에서도 '스토리텔링'이 중요합니다. 일상에서도 재밌는 이야기와 앞뒤 맥락 속에서 수학을 자연스럽게 접하는 게 좋습니다.

어릴 때 엄마가 "철 1kg이 무거울까, 솜 1kg이 무거울까?" 하고 질문했던 적이 있었습니다. 이 질문이 왜 이렇게 오래 기억에 남을까요. 당시에 저는 당연히 '철'이라고 생각하고 대답했더니 부모님이 껄껄 웃으셨던 기억이 납니다. 아들에게도 물어봤더니 "철이 더 무겁지!"라고 합니다. 그럴 줄 알았습니다. 여러분은 이 질문의 답을 아시겠지요?

이번에는 놀이터로 가볼까요. 놀이터에 앉아서 지켜보면 아이들은 그네를 제일 좋아합니다. 그래서인지 놀이공원에는 마치 큰 그네처럼 움직이는 바이킹이라는 놀이기구도 있지요. 아이가 그네를 신나게 타다가 "엄마, 나 이러다가 한 바퀴 도는 거 아니야?"라고 묻습니다. 그리 높게 올라가지도 않았은데, 자기는 엄청 높다고 생각하는 모양입니다. 그 말에 맞장구를 치느라 "우와, 정말 높게 올라가는데? 360도 도는 거 아니야?"라고 대답했습니다. 그러자 한 번은 "한 바퀴를 다 돌면 360도인 거야?"라고 묻더군요. 그래서 한 바퀴 원을 그리면 360도이고, 반 바퀴 돌면 180도, 그 반은 90도라는 것을 가르쳐주면서 몸으로 각을 나타내 보도록 했습니다. 김연아 선수처럼 세 바퀴를 돌면 몇 도인지도 계산해볼 수 있겠지요. 또 그네가 매달려 있는 옆 부분을 보면 2개의 기둥이 있습니다. 그 사이의 각도는 얼마인지도 생각해볼 수 있습니다.

대학생 때 "사람들은 심리적으로 뺄셈보다는 덧셈을 좋아하고, 나눗셈보다는 곱셈을 좋아한다."라는 글을 읽은 적이 있습니다. 누구나 잃는 것보다는 얻는 것이 좋고, 나누는 것보다는 쌓아가는 것을 좋아하겠지, 하는 생각에 쉽게 수긍이 되었습니다. 하지만 『부모는 쉽게 가르치고 아이는 바로 이해하는 초등수학』이라는 책에서 "뺄셈이 덧셈보다 훨씬 더 재미있다. 무언가를 키우는 것보다 파괴하는 것이 훨씬 쉽기 때문이다."라는 글을 보자 생각이 바뀌었습니다. 가르치는 선생님의 입장에서 아이들이 덧셈, 곱셈은 쉽게 생각하고 뺄셈과 나눗셈은 어려워할 것이라고 생각하는 것도 선입견이 될 수 있으니까요. 그래서 이번에는 집에서 다양한 물건으로 셈을 해보는 놀이를 합니다. 뺄셈이라는 연산을 배운 다음에 문제 상황에서 어떻게 쓰이는지를 직접 생각해보게 하는 게임입니다.

"우리 지금부터 게임을 해볼까?" 하면 아이는 우선 게임이라는 말에 관심을 보입니다.

"이번에는 빼야 하는 상황을 만들어보자. 아빠랑 산이랑 하나씩 이야기하고, 끝까지 이야기하는 사람이 이기는 거야. 어때?" 하고 묻자 "좋아! 나 먼저 할게!" 하며 게임이 시작되었습니다. 이런 놀이에서도 각자의 관심사가 드러나게 되어서 더 재미있습니다.

아이는 먼저 "닌텐도 칩이 10개 있었는데, 4개를 잃어버렸어요. 남아 있는 닌텐도 칩은 몇 개일까요?", "우리 집에 컵이 11개 있는데, 캐릭터 컵이 3개 있어요. 캐릭터 컵이 아닌 것이 몇 개일까요?"라고 문제를 냅니다. 그러자 아빠는 "라면이 5봉지 있었는데, 3봉지를 끓여 먹었어요. 라면은 몇 봉지 남아 있을까요?", "치아가 32개 있는데, 5개가 썩었어요. 충치가 없는 치아는 몇 개일까요?"라고 문제를 내며 이어갑니다. 아빠에게 이기기 위해서 다양한 뺄셈 식을 생각해내는 과정만으로도 충분한 공부가 됩니다.

가족끼리 차를 타고 이동하는 시간에도 다양한 게임을 할 수 있습니다. 아이가 책을 읽을 때도 있지만, 읽기 싫을 때는 수수께끼를 내기도 하고, 초성 퀴즈도 하고, 끝말잇기도 합니다. 한번은 먼 거리를 다녀오는 길에 무척이나 지루해하던 아들이 "얼마 남았어?", "아직 멀었어?" 하고 끊임없이 묻습니다. 그때 아이 아빠가 "집에 도착하려면 60㎞가 남았고, 도착하려면 83분 걸려."라고 대답했습니다. 그러자 아이는 "83분? 그러면 몇 시간 남은 거야?"라고 다시 물었습니다. 한 시간이 60분인 것은 알고 있지만, 83분이 한 시간 23분이라는 것을 곧바로 알기 어려웠던 거지요. 그래서 차분히 이야기를 나누었습니다.

엄마   한 시간이 몇 분이지?

아들	60분!
엄마	그럼 61분은?
아들	한 시간 1분!
엄마	그렇지. 그럼 65분은?
아들	한 시간 5분!
엄마	좋아, 그렇다면 83분은?
아들	음, 한 시간 23분?
엄마	맞아! 대단한데?

이렇게 한 단계씩 나아가면서 가르쳐줄 수 있습니다. 그리고 여기서 멈추지 않고 또 질문할 수도 있습니다.

아들	엄마, 지금 몇 시야?
엄마	지금 4시 40분이네.
아들	그럼 집까지 가려면 한 시간 23분이 남았으니깐 도착하면 몇 시야?
엄마	4시 40분에서 한 시간이 지나면?
아들	5시 40분!
엄마	그러면 이제 5시 40분에서 얼마를 더하면 되지?
아들	23분을 더해야 돼.
엄마	5시 40분에서 23분을 더해야 하는데, 일단 40분에서 23분

이 지나면 어떻게 될까?

아들　63분?

엄마　맞아. 아까 한 시간은 60분이라고 했으니 63분은?

아들　한 시간 3분?

엄마　그래, 그럼 다시 해보자. 40분에서 23분을 더하면 63분인
데, 63분은 한 시간 3분이잖아. 그러니 5시에서 한 시간 3
분을 더하면?

아들　6시 3분?

엄마　맞아, 우리는 6시 3분쯤 도착할 거야.

이렇게 시간 계산하는 법을 얘기하다 보면 어느새 집에 도착하게 됩
니다.

한편 초등학생이 되면 문장으로 된 문제를 접하게 됩니다. 그런데 저
학년일수록 문제를 이해하지 못하는 경우가 많습니다. 또 식을 세우는
것도 힘들어합니다. 아이가 말을 할 수 있기까지 그 언어를 충분히 듣는
것이 필요한 것처럼, 영어 등 다른 언어를 배울 때도 그렇게 충분히 듣고
읽고 쓰는 시간이 확보되어야 한다고 합니다.

마찬가지로 문장을 읽고 식으로 바꾸는 것도 연습이 필요합니다. 학교
에서 가르쳐주고 몇 시간에 걸쳐 배운다 해도 쉽게 되지는 않습니다. 익
숙해질 때까지 집에서 충분히 연습하는 과정이 필요합니다. 그리고 아웃
풋이 나오기까지 필요한 인풋의 기간은 아이마다 다릅니다.

문장으로 된 문제들은 교과서에도 나와 있고, 문제집에서 접할 수도 있습니다. 위에서 들었던 예들처럼 일상생활에서 접하는 것들로 문제를 만들 수도 있습니다. 또한 역으로 식을 보고 문장으로 문제를 직접 만들어보는 것도 도움이 됩니다. 생각보다 재미있으며 아이의 사고력을 키울 수 있습니다.

또 수학과 관련된 체험도 자주 해보았으면 좋겠습니다. 체험을 하면서 수학과 관련된 내용을 생각해보는 기회가 되기 때문입니다.

2018년에 경남수학문화관이 생겼습니다. 그곳에 처음 갔을 때는 예상했던 대로 아이가 1층 수학 어드벤처관을 좋아했습니다. 수학적 내용을 접한다기보다는 그곳에 있는 '사각바퀴 자전거'를 직접 타보고, '페르마 포인트'를 이용한 게임을 해봅니다. '아르키메데스 나선 계단'에 올라가서 '로그 나선 미끄럼틀'로 내려옵니다. '이차곡선 탈출 미션'은 원리를 모르지만 일단 달려가다가 레이저 선에 걸리지 않으면 좋아했고, 실패하면 억울해했습니다. 숫자를 보기보다는 '*Math* 클라이밍'을 해보는 것에 집중했습니다. '사각바퀴 자전거'를 보고, 왜 우리가 타는 자전거의 바퀴가 동그란지에 대해서도 설명을 듣습니다. 그런 과정에서 '내가 즐겁게 하는 이런 활동들이 수학과 연관되어 있구나.' 하는 느낌만 가져도 충분합니다.

수학 어드벤처관에서 나와 2층 체험탐구관으로 가서 $1m$를 예측하는 활동을 해봅니다. 어른들이 생각하기에는 당연히 알 것 같지만, 아이들은 아직 감각이 발달되어 있지 않아서 실제로 $1cm$가 어느 정도인지, 그리고 $1m$가 어느 정도인지 잘 모릅니다. 스스로 예측하기에 $1m$가 되는 곳에서 '*stop*'을 외치면 선생님이 실제 그 길이가 얼마인지 알려주는데, 아이들은 여러 번 틀리면서도 맞추기 위해 계속 반복합니다. 또 아이의 시선을 끈 것은 '*Math Run*' 자동차 게임이었습니다. 수학관이라고 해도 전혀 정적이지 않고 활동적인 시설과 체험들이 많으니 아이들은 즐거운 경험과 이미지를 가지게 됩니다.

경상남도에는 창원에 있는 경남수학문화관 외에도 양산, 진주, 김해, 거제, 밀양, 거창에 수학체험센터가 있습니다. 인근 울산에도 울산수학문화관이 있고, 부산에도 수학문화관이 2022년에 개관할 예정입니다. 또 대전에는 2021년에 수학문화관이 개관하였고, 서울에는 노원 수학문화관이 있습니다.

아이들은 체험관에서 보거나 경험한 것을 교과서에서 만나면 언젠가 본 적이 있는 '반가운' 내용으로 생각하고 더욱 관심을 가지게 됩니다. 이렇게 아이들에게는 수학과 친숙해질 수 있는 경험이 반드시 필요합니다. 수학문화관이 더 많이 생겨서 우리 아이들이 수학을 접할 기회가 많아지면 좋겠습니다.

수학 공부는 습관이다

6

중학교에 올라가면 수학의 비중이 커지고, 점점 더 중요해집니다. 이제는 수학을 어렵다고 느끼는 친구들도 늘어납니다. 하지만 초등학생 때 수학을 공부하는 습관을 들여놓으면, 중학교에서도 충분히 혼자서 공부할 수 있습니다. 물론 스스로 수학적 능력이 부족하다고 생각되거나 누군가의 도움이 필요하다면 학원을 다니는 것도 좋습니다.

아이들이 수학 공부를 하는 이유가 '재밌어서'라면 좋겠지만 아닙니다. 물론 극소수이기는 하지만 수학에 재미를 느끼는 친구들도 있습니다. 그렇지만 그 친구들도 수학을 열심히 하는 가장 큰 이유는 수학 시험을 잘 치기 위해서일 것입니다.

그렇다면 어떻게 하면 수학 시험에서 높은 점수를 받을 수 있을지 정확히 알아야 합니다. 수학 선생님은 학교에서 수업을 하고, 시험에는 그 수업 시간에 다루었던 내용을 문제로 냅니다. 그러니 가장 기본은 먼저 수학 수업을 잘 듣는 것입니다. 수업 시간에 어느 부분을 중요하다고 했는지, 어떤 문제를 집중적으로 풀었는지 안다면 틀림없이 그 내용이 시험에 나오게 됩니다. 그런데 가끔은 학교 수업 중에도 내내 학원 문제집을 꺼내놓고 문제를 푸는 학생들이 있습니다. 학원 숙제가 너무 많고, 해가지 않으면 혼난다면서 학교 수업은 소홀히 하거나 듣지 않고 흘려버리는 것입니다. 수업 시간에 집중하라고 야단을 쳐도 그때뿐, 문제집을 서랍에 넣는 척하다가 뒤돌아서서 수업을 진행하는 사이에 또다시 꺼내어 풀고 있습니다. 이렇게 아이들이 수업에 집중하지 못하는 것이 가장 안타깝습니다.

학원에 가서 따로 돈을 주고 수업을 듣는 것은 학교에서 배우는 수학이 어려워서 더 보충하여 공부하고 이해하기 위한 것인데, 정작 학교 수업은 제대로 듣지 않고 그 시간을 허비해버리면 과연 그 내용을 알 수 있을까요? 또, 학생들이 학원의 숙제는 집중해서 꼼꼼히 풀까요? 그렇지 않습니다. 빨리 풀고 끝내야 하기 때문에 쉬운 문제는 빨리 풉니다. 그런데 빨리 풀다가 계산 실수를 합니다. 어려운 문제는 생각할 시간이 없습니다. 별표를 하고 넘어가면, 학원 선생님이 풀이를 해주는 경우도 있겠지요. 그러나 이 아이가 스스로 문제해결력을 키울 수 있을까요?

수학 성적을 올리고 싶다면 방법을 바꾸어야 한다고 몇 번이나 강조해서 이야기했지만, 스스로 느끼지 못하면 변화가 없는 경우가 대부분입니다. 그러나 중학생이라면 이제 '자기 주도 학습능력'을 키워야 합니다. 너무나 많이 들어 무감각해졌을지도 모르지만, 공부를 잘하고 싶다면 결국 스스로 해야 합니다. 물론 그때 누군가 옆에서 시험 대비 시간표 짜는 방법, 각 과목별 공부하는 방법, 노트 정리하는 방법 등을 알려주면 큰 도움이 되겠지요.

그래서 이른바 '부모님과 수학하는 시간'을 가지는 게 좋습니다. 초등학생 때부터 시작하면 더 좋습니다. 물론 부모님들도 바쁜시기에 매일 하는 건 힘들겠지만, 일주일에 하루 정도는 시간을 내어 함께 하는 것이 좋습니다.

저는 하루를 정해서 일주일 동안 학교에서 배운 수학적 내용들에 대해 아이와 이야기를 나눕니다. 주말을 앞둔 금요일에는 기분이 가벼우니, 금요일로 정했습니다. 중요한 것은 이 시간이 문제를 풀고 검사하는 시간이 아니라는 것입니다. 이 시간은 어떤 내용을 배웠는지, 그 개념은 어떻게 쓰이는지에 대해 말해보는 시간입니다. 부모님은 아이의 설명을 듣다가 이해가 되지 않으면 질문을 하면 됩니다. 아이가 잘 대답하지 못하면 그때 함께 교과서를 찾아봅니다. 그러면 아이는 자연스럽게 다음 수학시간부터 앞으로 이 내용은 어떻게 설명하면 될지 유념하면서 공부하게 됩니다.

고등학생이 되면 책을 읽을 시간이 매우 부족합니다. 그러므로 중학교 시절에는 당장의 시험과 공부도 중요하지만 그보다 더 큰 그림을 그리며 미래에 도움이 되도록 여유를 가지고 준비하는 것이 좋습니다. 다른 과목도 마찬가지지만, 수학도 문제 푸는 데만 집중하기보다는 수학과 관련된 책을 읽는 것이 도움이 됩니다. 요즘에는 재미있는 청소년 소설이 많은데, 중학교 수학 선생님이 쓰셨으며 읽기에 그리 어렵지 않은 수학책도 있습니다. 수학 자체에 재미를 느낄 수 있는 관련 책을 읽는 것을 추천합니다.

중학교 시기에는 고등학교 수학을 미리 선행학습해도 그 개념을 완벽하게 이해하기는 어렵습니다. 보통은 학원의 진도에 맞춰서 선생님이 풀어주는 예제 풀이방식을 따라 문제를 풀고, 답을 맞추면 안다고 여기고 다시 진도를 나가는 식입니다. 이런 수업은 문제 유형별로 순서를 하나하나 제시해준다는 점에서 '내비게이션식 수업'이라고도 하고, 학생들이 딱히 고민하지 않아도 잘게 다져서 먹기 편하게 만들어준다는 점에서 '암죽식 수업'이라고도 이야기합니다. 그러나 이런 방법으로는 학생들 스스로 수학적 사고력을 기르기 어렵습니다. 그러므로 무조건 선행학습에 의존할 것이 아니라, 앞서 얘기했듯 자기 주도적으로 스스로 공부할 수 있는 습관을 들이는 것이 중학생 시기에 가장 중요한 일입니다.

고등수학은 시간 싸움이다

언어에 액센트가 있듯 수학에도 강약중강약, 과 같이 서로 다른 세기가 있습니다. 요즘은 초등학생 시절부터 수학 점수를 중요시하지만 사실이 시기는 과정이지 어떠한 결과를 내는 시기가 아닙니다. 초등학생 때는 구구단을 조금 늦게 외워도, 연산 속도가 느려도 괜찮습니다. 초등학생 때부터 강, 강, 강, 강, 강으로 이어지면 아이들은 지치고 힘이 빠집니다. 이때는 오히려 책을 읽고 다양한 과목을 고루 흥미롭게 접하는 것이 더 중요합니다.

하지만 고등학교에서의 수학은 '강'입니다. 고등학생 시기는 중학생 때까지 모아둔 수학 에너지가 터져 나와야 하는 시기이고, 당연히 수학에 더 많은 시간과 노력을 들여야 합니다. 그러므로 중학생 때까지는 자신에게 맞는 수학 공부 방법을 찾고, 누군가가 떠먹여주는 것이 아니라 스스로 꼭꼭 씹어서 먹을 수 있도록 준비하는 단계가 되어야 합니다. 그래야 고등학생 때 수학을 배워도 소화시킬 수 있습니다.

대한민국에서 고등학생으로 살아가는 것은 쉽지 않습니다. 또 고등학생은 한 과목에만 집중할 수 있는 시간적 여유도 많지 않습니다. 저보다 먼저 아이를 키운 학부모님들의 의견을 종합해보아도, 영어는 중학생 때까지 잘 해두고 고등학생이 되면 수학에 집중하는 것이 좋다는 이야기가 많았습니다. 수학이 대입을 결정짓기 때문이겠지요.

한편 국어는 모든 과목에 영향을 끼치는 아주 중요한 과목인데, 어린 시절부터 독서 습관이 되어 있으면 도움이 됩니다. 책을 많이 읽은 아이들은 따로 언어영역 공부를 하지 않아도 새로운 지문을 읽고 이해하는 능력이 뛰어나기 때문입니다.

수학이 대입을 결정짓는다는 사실 때문에 아이들이 수학에서 느끼는 부담감이 큰 것이 사실입니다. 하지만 수학의 중요성을 받아들이고 대비할 수밖에 없습니다. 입시제도의 자잘한 변화는 있을 수 있지만, 수학의 비중이나 수학 공부의 본질은 변하지 않습니다.

우리가 물건을 소유하는 방식에 따라 '미니멀 라이프'와 '맥시멀 라이프'로 나눌 수 있는 것처럼, 수학을 공부할 때도 미니멀한 공부 방법을 택할 수 있습니다. 중요한 것은 '수학'의 핵심적인 본질을 제대로 알고 그것을 응용하는 것입니다.

개념에 대해 정확하게 이해하고, 그것을 문제에 응용하여 문제를 해결해내는 능력을 길러내는 과정에서 논리력, 관찰력, 분석력이 길러집니다. 그러므로 학원에서 일주일에 수업을 2회 받는지, 3회 받는지가 중요한 것이 아닙니다. 다른 사람이 풀이를 설명해주면 이해는 잘 되겠지만 문제해결력은 길러지지 않습니다. 수학 실력은 문제를 푸는 과정에서 키워지므로, 결국 본인이 스스로 얼마나 많은 시간 고민하는지가 중요합니다.

수능 만점자들이 하는 단골 멘트는 "교과서를 보면서 공부했다."입니다. 물론 다른 문제집도 풀어보고, 책도 읽었겠지만 교과서가 가장 기본이 되었다는 말이겠지요. 시험 문제를 출제하는 사람들도 교과서에 있는 내용을 바탕으로 문제를 출제하기 때문에, 이는 당연한 말입니다. 그러므로 어릴 때부터 교과서와 수학 익힘책으로 공부하는 습관을 길러야 합니다. 개념을 익히기 전에 문제집을 먼저 푸는 것은 아무런 소용이 없습니다. 교과서에 제시되어 있는 방식대로 먼저 개념을 익힌 후에, 그 개념을 정확히 이해했는지 문제를 풀어 확인하는 것이지요. 기본 유형의 문제집들을 모두 익혔다면 다음에는 심화된 문제집으로 넘어갈 수 있을 것이고, 심화문제까지 익힌 후에는 원한다면 선행학습도 해볼 수 있을 것입니다.

학교에서 아이들이 "선생님, 얘는 벌써 고등학교 수학 문제집 푼대요~"라고 말하는 것을 보면 '그 친구는 진도가 빠르니 수학을 잘한다.'고 생각한다는 것을 알 수 있습니다. 수학을 잘한다는 것을, 내용을 이해하는 정도가 아니라 단순히 어디까지 진도를 나갔는지로 판단하고 있는 것이지요.

　물론 저도 학부모의 입장이 되고 나니 진도를 빨리 나가려는 이유를 이해할 것도 같습니다. 우선은 진도를 빼고 나서 나중에 학교에서 더 정확하게 개념을 짚고 넘어가면 아이에게 도움이 되지 않을까 하는 마음이실 듯합니다. 한 번 보는 것보다 두 번 보는 게 낫겠지, 하는 생각도 있으시겠지요.

　그런데 아이들은 학원에서 개념에 해당하는 단어를 들어보았다는 것만으로 자기가 그 부분을 이미 안다고 생각하고, 더 이상 수업을 들을 필요가 없다고 여기는 우를 범합니다. 문제를 해결하지도 못하고 개념도 정확히 말하지 못하면서 스스로 안다고 착각하고, 소중한 학교 수업 시간을 허비하는 것입니다. 그러다가 나중에 시험을 치고 나서야 "다 아는 건데, 실수했다."라고 이야기합니다. 사실은 몰라서 틀린 건데, 자신이 모른다는 사실을 모르는 겁니다.

　상급 학교로 진학하면서 수학에 대한 불안감이 급증하는 초등학교 6학년부터 중학교 1학년까지의 시기와, 중학교 3학년에서 고등학교 1학년 시기에는 이전 학년에서 배운 내용을 완전히 학습하는 것이 가장 중요합니다. 그 과정을 마친 뒤에 새 학년의 교과서와 쉬운 문제집을 통해 미리 공부해보는 것이 좋습니다.

　새 학기가 되면 학교별로 각 교과목 추천도서들의 목록을 나누어줍니다. 그 자료를 참고해서 수학과 관련된 책들을 읽어보는 것이 좋습니다. 책을 통해 자신이 알고 있는 개념과 관련된 심화된 이야기를 알 수 있고,

수학자들의 열정적인 모습도 접해볼 수 있습니다. 무엇보다 '수학을 하고 싶다'는 동기부여가 됩니다. 먼저 자신의 기본적인 공부 방법을 정하고, 매일 꾸준히 수학을 공부하는 습관을 들이면 수학을 포기해야 하는 상황은 오지 않습니다.

문제집을 많이 사는 것은 효과가 없습니다. 수학 문제집을 많이 풀면서 다양한 문제를 접해보면 좋을 것 같지만, 공부하는 시간은 정해져 있고 수학 공부만 할 수도 없기 때문에 결국 제대로 문제를 풀지 못합니다. 못 푸는 문제는 그냥 넘기고, 풀 수 있는 문제만 풀고 넘어가는 것이지요.

우리가 책을 읽는 이유는 자신의 생각과 다른 부분을 배우기 위해서인데 정작 책을 읽을 때 자신과 생각이 같은 부분에만 밑줄을 그으면서 열심히 읽으면 독서의 효과가 없습니다. 마찬가지로 문제집을 푸는 이유도 자신이 풀지 못하는 문제를 파악하고, 그 문제를 해결해보면서 실력을 키우기 위한 것입니다. 그러므로 이미 풀 수 있는 문제를 반복해서 푸는 것은 시간 낭비입니다. 여러 문제집에서 풀 수 있는 문제만 풀고 넘어갈 것이 아니라, 한 문제집을 정해서 그 문제집을 세 번 이상 푸는 것이 훨씬 효과적입니다.

처음에는 가볍게 자신이 풀 수 있는 문제들 위주로 해결합니다. 채점을 해서 틀린 문제가 있다면 '답지를 보지 않고' 그 문제를 어떻게 풀어야 할지 고민합니다. 때로는 한 문제를 두세 시간 고민할 수도 있습니다. 그렇게 충분히 고민한다면 비록 한 문제를 풀었을 뿐이라 해도, 그 시간 동안에 키워낸 문제해결력이 진짜 자기 실력이 됩니다.

공부 방법을 복잡하게 하면 실제 수학을 하는 것에 쓸 시간이 부족합니다. 공부 방법을 간단하게 하여 여유를 만들어두고, 그 공간은 스스로 고민하고 해결하는 시간으로 채워야 합니다.

부모가 수학을 알면
수학 접근법이 보인다

8

　수학이라고 하면 무조건 고개를 절레절레 흔드는 사람이 많습니다. "그 어려운 수학을 어떻게 가르치느냐."라고 묻기도 합니다. 저 역시 계속 공부할수록 수학은 어렵다는 생각이 듭니다.

　그런데 어려운 건 수학만이 아닙니다. 필라테스를 처음 배울 때는 재밌고 즐거울 수 있지만 조금씩 어려운 동작으로 가게 되면 힘들어지고, 더 전문적으로 배우려면 뼈와 근육의 이름까지도 외워야 합니다. 하지만 취미생활로 필라테스를 배우는 사람이라면 모든 근육의 이름을 외우거나 그 근육을 키우기 위해 어떤 동작을 해야 하는지 모두 알 필요는 없습니다. 악기를 연주하는 것도 그렇습니다. 집에서 피아노로 좋아하는 곡을 연습하여 연주하는 것은 즐겁지만, 피아노를 마스터하겠다는 마음으로 접하면 전문가의 수준이 될 때까지 힘들게 노력해야 할 테니까요. 다소 서툰 동작으로 한 시간만 몸을 움직여 필라테스 동작을 따라 하고, 다장조로 〈캐논〉을 기본적으로만 연주할 수 있어도 우리는 그것을 할 줄 알고, 좋아한다고 이야기할 수 있습니다.

그러므로 수학을 전문가 수준으로 잘하거나 수식을 외우지 못하는 사람이라도 수학의 역사와 관련된 책을 읽고 "수학사를 조금 알고, 좋아한다."라고 이야기할 수 있고, 수학 퍼즐 푸는 것을 취미생활로 가질 수도 있습니다. 물론 수학을 쉽게 접하거나 취미로 즐겁게 하기는 어렵다는 생각이 드는 것도 이해합니다. 어릴 적에 피아노를 전혀 배워보지 못한 저로서는 피아노 연주를 잘하고 싶고, 배우고 싶다는 생각이 들면서도 선뜻 배우러 갈 엄두가 나지 않으니까요. 아들이 피아노 학원을 다니면서 배울 때 "나도 한번 해볼까?"하는 생각이 들기도 했지만, 포기하게 되더군요.

하지만 악기 연주를 배우려면 경제적 지출이 필요하지만, 수학에는 큰돈이 들지 않습니다. 수학 문제집 한 권이면 충분하니까요. 더 좋은 건 교과서를 구입하는 것입니다(가격도 문제집에 비해 굉장히 저렴합니다). 학생일 때 재미없었던 수학 교과서를 소설책 읽듯이 읽다 보면 예상 외의 재미를 발견할 수도 있습니다.

부모가 아이의 학년에 맞거나 그보다 조금 높은 수준의 교과서를 보는 것은 아이들과 이야기를 나눌 때도 많은 도움이 됩니다. 더 이상 학생이 아니니, 시험에 대한 스트레스에서 벗어난 상황에서 교과서에 나와 있는 문제를 한번 풀어보는 것도 좋습니다. 부모님들은 모두 어른이 되고 나서 '답이 없는 문제들만 해결해야 하는 상황'을 겪으셨겠지요. 의외로 '답이 딱 떨어지는 문제를 푸는 맛'을 제대로 느끼게 될지도 모릅니다.

본인 스스로를 수포자라고 생각했던 부모님이라도, 수학에 대한 감정이 안 좋은 분들도 조금만 용기를 내어서 수학 교양서적 한 권을 읽어보면 어떨까요. 수학 책을 들고 있는 스스로가 다소 어색하게 느껴질 수도 있지만, 우리의 뇌는 "나는 수학책을 읽는다, 나는 수학에 관심이 많다, 나는 수학을 좋아한다."라고 생각할 수도 있습니다.

아이들은 부모의 '말'을 듣고 자라지 않고, 부모의 '행동'을 보고 자란다고 합니다. 부모님이 책을 읽는 모습도 좋은 영향을 미치지만, 그 책이 수학과 관련된 책이라면 내 아이도 수학에 대한 호감이 상승하게 될 테니까요.

아들 입에서 처음 나온 단어, '수포자'

"엄마, 수포자가 뭐야?"

책을 보다가 수포자라는 단어를 보게 된 아들이 물었습니다. 뜨끔했습니다. 평생 그 단어를 모르고 살았으면 싶었으니까요. 그 말을 모른다면 나중에 수학이 어렵게 생각될 때에도 "나는 수포자야."라고 스스로 단정 짓지 않을 테고, 그저 "나는 수학이 좀 어려워." 또는 "수학 과목이 약한 것 같아."라면서 더 노력할 여지라도 생길 수 있으니까요. 이미 포기했다고 하면 더 이상 노력해볼 여지도 없는 것이고, 말은 생각을 한정 짓는 무서운 힘을 가지고 있기 때문입니다. 아이의 물음에 '수학을 포기한 사람'이라는 뜻이라고 설명하면서도, "수학을 포기하면 안 돼."라는 말을 얼른 덧붙였습니다.

말은 생각에서 나오지만, 입 밖으로 나온 말은 다시 사람의 생각에 영향을 미칩니다. 어려운 일과 마주치면 포기하는 사람도 있지만, 더 열심히 하는 사람도 있습니다. 처음에는 장난 삼아 한 말이라도 그 단어가 자기 자신을 확정시켜버립니다.

'행복해야 웃는다.'가 맞는 말 같지만 실제로는 웃어야 행복해진다고 합니다. 행복하지 않더라도 억지로라도 미소를 짓고 웃으면 행복감을 느끼는 호르몬이 우리 몸에서 분비된다고 합니다. 또한 피그말리온 효과처럼 그 아이에 대한 기대감을 표현하면 평범한 아이더라도 성적이 잘 나오는 결과를 가져오기도 합니다. 주변 사람들이 자기 자신을 어떻게 보느냐에 따라 같은 사람이라도 다른 결과가 나타나는 겁니다.

수학 영역에서 1등급을 받지 못하더라도, 뛰어난 수학자가 되지는 않더라도, 수학에 대해 두려운 마음을 가지지 않는 것이 중요합니다. 조금 어렵게 느껴진다고 해서 금세 자기 자신을 '수포자'라고 단정 짓는다면 더 이상 수학 공부를 할 의욕이 나지 않을 겁니다. 순간적으로는 마음이 편해지는 쾌감을 느낄지 모르지만 시간이 지날수록 후회할 것입니다. 주변 사람들도 '아, 저 사람은 수포자구나.' 하고 손을 놓게 됩니다. 자신이 스스로를 포기했는데 어떻게 주변 사람이 도와줄 수 있겠습니까.

대체 누가 수포자라는 말을 만들었는지 모르지만, 다른 나라에는 이 말에 대응하는 용어가 없다고 합니다. 그러니 이제라도 수포자라는 말은 아예 사라지기를 바랍니다.

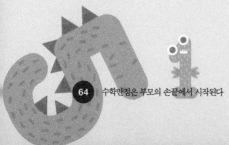

" 가장 중요한 것은
혼자서 스스로 공부하는 시간을
확보하는 것입니다. "

|2부|

수학 공부의 큰 그림을 그리다

: '연산'에 '개념'을 더하다

π

초등학생 때는 수학을 잘했는데…

1

초등학교 시기의 수학은 사실 그렇게 내용이 많지 않습니다. 마음만 먹으면 6년 동안 배울 내용을 2~3년 안에 해치울 수도 있습니다. 물론 한정된 아이들의 시간을 오로지 수학에 투자한다고 전제하면 말이지요.

간혹 초등학교 3학년이 되면 선행학습을 시작해서 6학년 2학기까지 진도를 미리 나간 뒤, 그다음에 반복하면서 심화학습을 하는 경우도 있습니다. 이렇게 하면 부모 입장에서는 아이가 수학을 잘한다고 생각합니다. 학원에서 충분히 이해하고 진도를 나간 것이라 생각하고, 문제집을 풀어도 정답률이 높으니 당연히 해당 학년보다 높은 수준을 이해하고 있다고 판단하고, 잘한다고 착각하는 겁니다. 그러나 그것은 아이의 진짜 실력이 아닐 수도 있으므로 주의해야 합니다.

간혹 한 번 배운 내용을 정확히 이해하고 기억하는 아이도 있겠지요. 하지만 그렇지 않은 경우가 더 많습니다. 표면상으로 드러나는 기본적인 개념만 익히고 빠르게 진도만 나가는 것이 과연 효과가 있을까요? 그 사이에 놓치는 것이 있지 않을까요? 독서를 하면서 이해력도 높이고, 공부를 하기 위한 기초체력을 쌓아야 하는 시기에 이미 '수학'이라는 경주를 시작해버렸으니 힘들지 않을까요? 지금 조금만 버티면 나중에 수월할 거라고 하는데, 그 말이 과연 맞는 걸까요?

초등학생 때 공부를 잘하던 아이가 중학생이 되면 왜 수학을 어려워할까요? 초등학생 때는 직관적으로 접근할 수 있던 내용들이 중학교 과정에서는 형식적인 표현들로 바뀌기 때문에 어려워지는 것도 있지만, 제대로 공부한다면 충분히 해낼 수 있는 수준입니다. 초등학생 때 배우는 개념들은 몇 번 읽어보면 알 수 있는 단순한 것이지만, 중학교 수학에서는 떠먹여주는 단계를 뛰어넘어, 스스로 이해해야 하는 내용들이 주를 이룹니다.

그렇다고 해도 초등학생 때 나오는 개념이 마냥 쉬운 것만은 아닙니다. 그 과정에서 정확한 개념을 스스로 이해해보는 경험이 있어야만 다음 과정으로 넘어가도 성적이 올라갈 수 있습니다.

공부 습관도 중요합니다. 수학 공부를 할 때 "문제 풀면서 한 번 쭉 훑고, 나중에 다시 심화시켜서 학습한다."라는 말을 많이 하지요. 이렇게 공부하는 과정에서 아이들은 '한 번 죽 훑는' 것을 배웁니다. 사실은 하나의 개념을 깊이 생각해야 하는데, 무슨 의미인지 확실히 모르는 채로 단어를 훑기만 하는 겁니다.

우리가 경제신문을 보다가 매일 '주식'이라는 단어를 듣는다고 해서 주식에 대해 제대로 이해하게 되지는 않습니다. 주식에 대해 정확히 이해하려면 개념을 찾아보고, 왜 생겨났는지도 고민해보고, 투자하고 싶은 회사를 선택해 주식을 사고파는 과정도 경험해봐야만 제대로 알게 됩니다. 단순히 자주 본다고 해서 이해도가 높아지는 건 아닙니다. 그런데 오히려 섣불리 그 수학 용어를 들어봤다는 이유로 '나는 안다'고 생각해서 수업 시간에 집중하지 못하는 경우가 많습니다.

그렇다면 초등학생 때 개념 위주로 공부한다는 것은 어떤 의미일까요?

우선 저녁에 잠깐 시간을 마련하여 학교에서 배운 내용이 무엇인지 아이에게 물어봅니다. 만약 수학시간에 배운 내용을 물었는데 아이가 기억하지 못한다면, 혼을 내는 것이 아니라 함께 교과서를 살펴보는 것이 좋습니다. 이때 부모님의 역할은 질문을 하고, 잘 들어주는 것입니다(물론 어려운 일이지요). 초등학생은 교과서를 학교에 두고 다니므로 집에도 별도의 교과서를 마련해두는 것을 추천합니다. 1~2학년이라면 어떤 내용을 배웠는지 묻고, 아이가 배운 내용과 개념을 말로 설명해보게 하는 것으로도 충분합니다. 3학년부터는 학교에서 배운 개념과 관련된 문제를 풀어보게 하는 것이 좋습니다. 아이가 직접 채점을 할 수도 있지만, 아직 서툴다면 부모님이 아이가 푼 문제집을 채점해주면 됩니다. 틀린 부분은 학교 수업을 통해서 다시 메꿀 수 있습니다. 한 개념에 대해서도 여러 번 반복해서 배우기 때문입니다. 집에서 이런 과정을 거치면 아이가 학교에서 수업을 듣는 태도도 달라집니다.

수학을 배우는 이유는 개개의 내용을 기억하기 위한 것이라기보다 수학적 개념을 이해하고, 문제를 해결해나가면서 논리력, 문제해결력, 사고력을 키우기 위한 것입니다. 『그 집 아들 독서법』이라는 책에서처럼 많은 전문가들이 고전 읽기를 권하는 이유는, 고전에 나와 있는 내용을 기억하라는 의미보다는 고전을 읽는 과정에서 복합적 사고를 할 수 있기 때문입니다. 고전문학은 시대, 인물, 작가가 밀접하게 연결되어 있어서 등장인물의 행동을 이해하기 위해서는 그 시대를 알아야 하고, 작가에 대해서도 알아야 합니다. 여러 가지를 동시에 생각해야 하는 독서이기에 뇌의 여러 영역을 동시에 활성화시킨다는 분석도 있습니다. 마찬가지로 수학도 수학을 하면서 길러지는 능력에 초점을 맞추어야 합니다.

'연산'에 '개념'을 더하다

2

"선생님, 도덕 선생님이 사칙연산만 할 수 있으면 세상 살아가는 데 아무 문제가 없다는데요? 그러니깐 수학 공부 안 해도 되죠?"라는 말을 들었습니다. 표정 관리가 어려웠습니다. 수업 시간에 공들여서 일상생활에서 수학이 얼마나 필요한지 설명했는데, 아이들의 귀에는 수학이 필요 없다는 말이 훨씬 크게 들렸나 봅니다. 도덕 선생님도 아마 '수학이 어렵다'는 아이들의 푸념에 단순히 공감해주려고 하신 말씀이겠지요. 그런데 정말로 세상을 살아가기 위해서는 사칙연산만 할 줄 알면 되는 걸까요?

무언가의 가치를 우리 생활에 적용할 수 있는 실용성으로만 따진다면 음악과 미술, 철학 등 수많은 학문과 예술은 존재할 수 없습니다. 『일하는 수학』이라는 책에는 각 직업에서 수학이 어떻게 쓰이는지에 대해 자세히 설명되어 있습니다. 치과 의사라면 평면과 입체에 대해 정확히 이해하고 있어야 합니다. 평면 화상인 엑스선 촬영보다 입체 영상인 *CT* 스캔은 치료에 큰 도움이 됩니다. 엑스선을 사용하는 것은 같지만 촬영하는 정보량이 훨씬 많기 때문입니다. 통상적인 엑스선 촬영이 한 방향의 한 컷을 찍는 데 비해 *CT* 스캔은 3차원의 입체적 정보를 수백 컷 찍습니다. 기념사진은 정면에서 한 컷만 촬영하지만, *CT* 스캔은 사진사가 특별히 피사체의 주위를 빙글빙글 돌면서 온갖 각도에서 찍는 것과 같다는 것이지요.

또한 건축가는 건물의 높이, 도면 활용 면에서 척도, 제곱근, 피타고라스 정리 등을 알아야 합니다. 과학자와 천문학자도 다양한 수치와 계산이 필요합니다. 그래서 사칙연산 외에도 지수와 로그 같은 복잡한 개념을 알아야 합니다. 그러면 의류 판매원은 어떨까요? 정해진 옷으로 다양한 코디를 해서 어떤 옷이 가장 잘 어울리는지 보기 위해서는 경우의 수를 알면 도움이 됩니다. 게임 크리에이터는 게임을 하는 사람들이 질리지 않고 재미있게 게임을 할 수 있도록 확률을 이용할 줄 알아야 합니다.

저는 학생들이 "선생님, 수학은 대체 왜 공부해야 하는 거예요?"라고 질문하면, 그럴듯한 대답을 멋지게 읊어주리라 마음먹고 『이토록 공부가 재미있어지는 순간』을 읽으면서 아래 문구를 외우기도 했습니다.

"수학 공부는 내 정신을 단련시켜줍니다. 내 온갖 능력을 상승시켜요. 머릿속에 여러 수학공식을 담아두고 꺼내 쓰는 동안 '기억력'이 상승하고,

공식이 도출되기까지의 증명과정을 꼼꼼하게 따져보는 동안 '논리력', 문제에서 의도한 바를 짚어내고 낱낱이 살펴보는 동안 '관찰력', 이런저런 접근법을 골똘하게 고민하는 동안 '추리력'이 무섭도록 상승합니다. 가끔 문제 푸는 방법을 까먹어서 억지로 푸는 법을 쥐어짜낼 때조차 '창의력'이, 어려운 문제를 풀다 포기하고 해답지를 읽어본대도 '이해력'이 높아집니다. 지긋지긋한 단순 계산문제 하나를 풀더라도 '틀리기 싫어!' 하는 본능 때문에 '정확성'을 추구하게 되고, '인생을 대하는 태도' 역시 가다듬어집니다. 수학 공부를 치열하게 하면 할수록 내 머릿속은 '부릅뜬 상태'가 되어갑니다. 정신이 또렷해져요. 비록 숫자나 도형의 세계를 다루는 건 사실이지만, 내 정신력을 갈고닦는 데 수학만큼 좋은 것은 없습니다. 이렇게 단련해 놓은 내 정신은 수학을 초월한 다른 모든 분야에서도 언제나 나를 빛나게 해줄 테니까요."

이 문장이 크게 와 닿았던 이유는 아마도 제가 이미 이러한 생각을 하고 있었기 때문일 겁니다. 그러니 읽으면서 "어떻게 이렇게 정확하게 표현할 수 있지?" 하고 감탄하고 외우기까지 했던 것이지요. 만일 '괴델의 불완전성 원리'에 대해 아무런 지식도 없다면, 그 원리를 아주 멋진 방법으로 표현한 문장을 발견한다 하더라도 그 문장이 좋다는 것을 알아채지 못하겠지요. 그러므로 말로 하는 것보다 스스로 느끼는 것이 가장 중요할 것입니다. 학생들이 스스로 '아, 수학이 이런 거구나.' 하는 마음이 들도록 말입니다.

우리가 다른 과목에 비해 유달리 "수학은 왜 배워야 하나요?" 하고 묻는 이유는 아마 수학 공부를 하기 싫기 때문일 겁니다. 수학을 좋아하는 아이들은 묻지 않습니다. 그저 재미있게 공부할 뿐이죠. 그러니 그 질문에는 수학을 하고 싶지 않다는 마음이 들어 있는 것이지요.

요리를 못하는 저는 매끼 밥을 해야 할 때마다 "대체 언제까지 밥 걱정을 해야 하지? 밥은 꼭 먹어야 하는 걸까?"라고 묻습니다. 이 말의 속뜻은 밥하기가 너무 싫다는 겁니다. 저의 질문에 대해서 '사람이 삼시 세끼를 잘 먹을 때 건강하게 살아갈 수 있고, 매주 식단표를 짜면 훨씬 수월하다.'라고 누군가 설명한다면 도움이 되기는커녕 스트레스가 될 겁니다. 차라리 "밥하기 힘들지? 그럴 때는 한 끼 시켜 먹어." 하고 달래주는 것이 훨씬 도움이 되겠지요. 그러니 우리는 수학을 왜 배워야 하는지 묻는 아이의 마음도 헤아려주어야겠습니다. "수학 많이 힘들지? 이 어려운 걸 오늘도 하고 있구나."라고 말입니다.

중국 무협영화를 보면 사부님으로부터 무술을 전수받는 제자가 무조건 기초체력부터 다지는 장면이 나옵니다. 도제 과정을 밟을 때는 물을 떠 오는 것부터 '왜 필요한지는 모르지만' 사부님이 시키니 하는 과정이 많습니다. 그러다가 어느 순간 사부님으로부터 인정을 받으면 제대로 된 교육을 받고 나중에 가서야 "아, 그 일들이 전부 필요한 과정이었구나." 하고 느끼게 됩니다. 하지만 수학에서 연산은 그런 과정이 아닙니다. 기초가 되는 것은 같지만, 앞으로 배울 부분들에서 '연산'이 안 되면 더 이상 배우는 데 힘이 들기 때문입니다.

그리고 이 과정은 아무 생각 없이 하는 것이 아니라 '왜 그런지' 고민하면서 해야 합니다. 즉 왜 2+4와 4+2가 같은지, 2×3과 3×2는 어떤 차이가 있는지 생각해야 합니다. 곱셈을 빨리 하기 위해 구구단을 외우는 것은 필수과정입니다. 이때도 그냥 반복해서 외우기보다는 왜 그렇게 되는지 생각하는 과정을 거쳐야 합니다. 구구단을 외우기 전에 순서대로 '묶어 세기', '몇씩 몇 묶음', '몇의 몇 배', '곱셈식'에 대한 개념을 습득해야 하는 겁니다. 나누기도 "똑같이 나누어준다."라는 개념만으로 접근하면 그 이후에 배우는 여러 공식들이 쉽게 설명되지 않습니다. 그러니 연산을 단순히 계산하는 것이라고 여기지 말고, 초등학교에서 연산의 개념부터 충분히 익혀나가는 것이 필요합니다.

중학교 1학년 때 '덧셈의 연산법칙', '곱셈의 연산법칙'을 배웁니다. '교환법칙'은 두 수의 순서를 바꾼다는 의미이고, '결합법칙'은 계산하는 순서를 바꾼다는 의미입니다. 이렇게 법칙으로 나와 있으니 당연하게 받아들이지만, 이는 결코 당연한 것이 아닙니다. 한글에서는 글자의 순서를 바꾸면 의미가 완전히 달라집니다. 지폐와 폐지, 수박과 박수, 장화와 화장, 일과와 과일 등을 생각해봐도 그렇지요. 이처럼 뺄셈과 나눗셈에서는 '교환법칙'이 성립하지 않습니다.

$(24 \div 4) \div 2$와 $24 \div (4 \div 2)$는 결과가 같을까요? 곱셈을 배울 때는 '곱셈의 결합법칙'만 제시할 것이 아니라, 아이에게 '나눗셈의 결합법칙'이 성립하는지도 함께 물어야 합니다. 계산을 통해서 $(24 \div 4) \div 2$의 값은 3이 되고, $24 \div (4 \div 2)$의 값은 12가 되므로 계산순서를 바꾸면 결과가 달

라진다는 것을 스스로 느끼게 해야 합니다. 그에 반해 곱셈에서는 다양한 예를 들어 순서를 바꾸어 계산해보아도 같은 식이 성립한다는 것도 알아내야 합니다. 그런 다음에 그것이 '곱셈의 연산법칙'이라고 설명하는 것입니다.

학원은 사고력수학을 책임지지 않는다

3

아이의 나이가 비슷하면 부모님들의 대화는 자연스럽게 '아이의 교육' 이야기로 이어집니다. 가장 관심 있는 분야이기 때문이죠. 그런데 "아이에게 사고력수학을 꼭 시켜야 하나."라는 질문을 받고 멍해졌습니다. 그때 우리 아이는 일곱 살이었는데, 저는 '사고력수학'이라는 말을 처음 들어보았습니다. 그야말로 정보력이 상당히 부족한 엄마였던 거죠.

먼저 사고력수학이 대체 뭔지 찾아보았습니다. 다양한 시중의 문제집과 사교육업체가 있었는데, 대부분 다양한 문제를 접하게 하고 선행학습을 시키는 곳이라는 글을 보았습니다. '사고력'이라는 말은 사전적인 의미로 '생각하고 헤아리는 힘'입니다. 그런데 수학을 생각하고 헤아리는 힘이 과연 문제를 더 푼다고 해서 생기는 것일까요? 물론 어릴 때부터 사고력수학을 시키는 이유는 컸을 때 교과 수학을 하는 데 도움이 되었으면 하는 마음에서겠지요.

아이에게 야채를 많이 먹이고 싶다면 잡채를 해주어도 되고 김밥을 싸줘도 되고, 볶음밥으로 만들어주어도 됩니다. 꼭 샐러드라는 한 가지 형태를 따를 필요는 없습니다. 사고력을 키우는 방법도 '사고력학원'을 다니는 것이 유일한 방법은 아닙니다. 어떤 문제이든 스스로 생각하는 시간을 많이 주고, 그런 환경을 만들어주려고 노력하면 된다는 생각이 들었습니다.

저는 수업 시간에 가끔 '시 쓰기' 혹은 '이야기 만들기' 활동을 합니다. 어떠한 단원에서 배우는 개념을 활용하여 그 개념이 녹아 있는 글을 써보는 것입니다. 그러면 아이들은 그 개념에 대해 정확히 이해하려고 스스로 노력하는 모습을 보입니다. 실제 결과물을 보면 아이들이 하는 다양한 생각에, 놀라움과 함께 읽는 즐거움이 있습니다.

다음 글은 고등학교 1학년 학생들이 '허수' 부분을 공부하면서 지은 시입니다. 아직까지 기록이 남아 있는 이유는 잘 지은 시를 『수학동아』 잡지에 보냈기 때문입니다. 그 후 실제로 한 아이의 글이 잡지에 게재되었고, 그 사실을 학생에게 말해주자 얼떨떨해하면서도 좋아했던 기억이 납니다.

| 1.

"i"야, 울지 말거라.
다른 것들은 "실수"를 한단다.
"i"야, 강해지거라.
너는 하수가 아니라 "허수"이니까. | 2. "i(아이)"의 꿈

양수가 되고 싶었던
허수 i가 슬퍼하며
거울 속을 보았다.

거울 안에
또 다른 허수 i가 있었다.

허수 i 둘이 만나 −1이 되었다.
또 거울 속의 −1과 만나 1이 되었다.

허수 i는
거울을 통해 꿈을 이루었다. |

중학교에서도 이런 활동을 했는데, 순환소수와 관련된 글을 써보라고 했을 때 아이들이 너무나도 번뜩이는 아이디어로 글을 써서 놀란 적이 있습니다.

| 1. 아름다운 숫자들

순환한다는 것은
그때와 같은 아름다움을 느낄 수 있기에
계절들같이 아름답다. |

순환하지 않고 무한하다는 것은
항상 아름답고 새로운 것을 볼 수 있기에
은하수같이 아름답다.

유한하다는 것은
끝이 난 이후로는 볼 수 없는 아름다움이 있기에
생명같이 아름답다.

2. 백설공주

옛날 소수 마을에 백설공주가 살았다. 백설 공주는 마녀에게 독사과를 받아먹고 잠들었다. 옆에 있던 세 난쟁이들도 마녀에게 저주가 걸렸다.

첫째 난쟁이는 유한소수라는 저주에 걸려 말을 많이 하지 못한다.
둘째 난쟁이는 순환소수라는 저주에 걸려 같은 말을 계속 반복한다.
셋째 난쟁이는 순환하지 않는 무한소수라는 저주에 걸려 끝없이 다른 말을 한다.

백설 공주를 구하러 온 왕자는 난쟁이들의 저주를 풀어보려고 하는데, 그 저주는 '분수'로 변해야만 풀리는 것이었다. 첫째 난쟁이와 둘째 난쟁이는 저주에서 풀려날 수 있었지만, 셋째 난쟁이는 저주에서 풀려날 수 없었다.

사고력은 문제를 1개 풀던 아이가 2개 푼다고 느끼는 것도 아니고, 새로운 유형의 문제를 계속 풀어본다고 생기는 것도 아닙니다. 물론 새로운 문제를 만나고 그 문제를 풀기 위해서 스스로 궁리해보는 시간을 가진다면 효과가 있을 것입니다. 하나의 개념에 대해서 정확히 이해했느냐는 그것을 이용해서 글을 써보거나 상황을 만들어보면 가장 잘 알 수 있습니다. 그 글에서는 이 아이가 어떻게 이해했는지가 드러나기 때문입니다.

위의 글을 쓴 학생들이 모두 수학 시험 점수가 높은 것은 아닙니다. 수학에 자신없어 하는 친구도 있지만, 개념을 정확히 연결해서 글을 쓰고 칭찬을 받아본 경험은 수학에 대한 감정에 분명 영향을 미쳤을 것입니다.

심화학습은 선행학습보다 힘이 세다

키가 작은 아이들의 부모는 지나가는 키 큰 아이들만 봐도 부럽고, 우리 애는 언제쯤 클까 걱정합니다. 그런데 큰 애들은 큰 대로 걱정입니다. 혹시 지금 다 커버리고 나중에 안 크면 어쩌지 하고 걱정하는 것입니다. 안 먹으면 안 클까 봐 걱정이고, 많이 먹으면 비만이 될까 걱정입니다. 이렇게 아이에 대해서는 걱정이 끊이지 않습니다.

공부도 마찬가지가 아닐까요. 아이가 공부를 못하면 당연히 걱정됩니다. 공부는 잘하지 못해도 성격이 좋은 것에 감사하기도 하지만, 학교 성적을 보면 한숨을 쉬게 됩니다. 왠지 모르게 공부 잘하는 아이의 부모에게 주눅이 들기도 합니다. 밖에서 일을 하는 맞벌이 부모라면 '내가 혹시나 일하느라 아이한테 신경을 못 써줘서 그런가' 싶기도 하고, 밖에서 일을 하지 않는다면 '집에 있는데도 뭐가 부족해서 그렇지?' 하는 마음이 듭니다.

그렇다고 공부를 잘하는 아이를 둔 부모는 걱정이 없을까요? 그렇지 않습니다. '아이에게 이 시점에 무엇을 더 해주어야 도움이 될까'부터 시작해서 '지금은 잘하지만, 나중에 혹시나 성적이 떨어지면 어쩌지' 등, 끝없이 걱정이 이어집니다. 결국 모든 부모들이 걱정을 한다는 것이죠.

아이를 낳기 전에는 저도 선행학습을 어느 정도 해야 하는지에 대해서 크게 생각하지 않았습니다. 그해에 맡은 학년의 아이들은 모두 그해에 처음 만난 아이들이기에, 이미 그 전에 제 의견과는 상관없이 선행학습을 하거나 하지 않았거나 둘 중 하나였기 때문입니다. 제 의견이 학생들의 결정에 영향을 미치지 않았으니까요. 그런데 아이가 초등학교에 입학한 뒤 수학 교사라는 직업을 밝히고 나면, 다른 학부모들로부터 어김없이 "선행학습은 꼭 필요한가요? 어느 정도로 해야 하나요?"라는 질문이 뒤따랐습니다.

사실 그 질문의 정답은 '아이마다 다르다'입니다. 물론 알고 있습니다. 이 말이 얼마나 힘 빠지게 하는지 말입니다. 또 저는 바로 제가 '선행학습으로 실패한 케이스'라고 생각합니다. 과거의 나를 만난다면 이야기해주고 싶은 것들이 많습니다.

제 공부 방법은 엉망이었습니다. 계산만 잘했을 뿐인데, 수학을 잘한다고 착각하고 살았습니다. 물론 그 덕분에 포기는 하지 않을 수 있었습니다. 중학교 2학년 때 여름방학 숙제는 '2학기 때 배울 도형 부분을 적어오기'였는데, 그저 그 단원이 빨리 지나가기만을 바라며 '이런 걸 왜 외워야 하나'라고 생각했습니다. 그러다 중학교 3학년 때 제곱근을 만나고 나서는 수학과 결별할 뻔했습니다. 하지만 반복하다 보니 익숙해졌고, 개념은 어렵지만 계산은 할 수 있었습니다. 고1 겨울방학 때는 엄마를 졸라 과외를 시켜달라고 했지요. 과외를 하면서도 개념을 정확히 짚고 넘어가는 것보다는 진도를 나가는 것이 우선이었습니다. 기본 개념의 설명을 듣고 선생님이 예제를 풀면 그 방법대로 유제를 푸는 것입니다. 과연 이게 제대로 공부한 건가 하는 불안감이 여전히 남아 있었습니다.

과거의 나에게, 그리고 지금 중학생들에게는 조급해하지 말라고 말하고 싶습니다. 시간은 내가 생각하는 것보다 충분하니까, 개념을 정확히 익히고 넘어가라고 말해주고 싶습니다.

개념을 정확히 이해한다는 것은 그 단어를 음미하는 것입니다. 사전에서 그 단어의 뜻을 살펴보고, 왜 그런 단어가 나왔는지 알아보며, 예전에 배웠던 내용과 어떤 연관이 있으며 그걸 배워서 그다음에는 어떻게 활용하는지도 생각해봅니다. 이런 과정에는 시간이 오래 걸리고, 또 문제를 푸는 것처럼 눈에 보이는 효과가 없기 때문에 불안한 마음으로는 하지 못하고 넘어가게 됩니다. 그러나 수학은 반드시 요란한 선행학습이 아니라 사려 깊은 복습으로 만나야 하는 과목입니다.

수학 학원 사용설명서

저는 종종 "수학 선생님 같지 않다."라는 말을 듣습니다. 대화가 나온 맥락을 살펴 추측해보았습니다. 수학이라는 과목은 맞고 틀리는 것이 분명하기에 자연스럽게 그 이미지가 연결되어 수학 선생님도 매사에 자신의 의견이 분명할 거라고 생각하는데, 제 이미지는 그렇지 않다는 이야기인 듯합니다. 실제로 저는 살면서 해온 경험도 그리 많지 않고, 아는 것도 많지 않기 때문에 어떠한 것에 제 의견이 맞다고 강하게 내세우지 못하는 편입니다. 계속 마음속으로 스스로 되묻는 과정을 거치다 보니 대답할 타이밍을 놓치기도 하고, 말을 한다 해도 이럴 수도 있고, 저럴 수도 있다는 의견을 낼 때가 많습니다. 그래서 똑 부러지게 자신의 의견을 주장하는 사람들을 보면 부럽습니다.

학원에 대한 입장도 마찬가지입니다. 학원을 다니면서 생기는 좋지 않은 습관들을 많이 보다 보니, 앞에서는 그런 점들에 대해서 이야기했습니다. 하지만 다 그런 건 아닙니다. 스스로 공부하는 습관이 없는 아이가 빡빡한 일정의 학원을 다니면서 성적이 오르는 경우도 보았고, 선행학습을 위해 학원의 도움을 받는 경우도 보았습니다.

사춘기인 아이와 엄마가 앉아 수학에 관련된 이야기를 나누는 것은 쉽지 않습니다. 수학보다는 관계가 우선이므로, 무조건 부모가 아이를 붙잡고 함께 하라는 말은 아닙니다. 저라도 아이에게 필요하다고 판단되고, 학습 스타일과 학원의 스타일을 고려해서 잘 맞다 싶으면 도움을 받을 수도 있겠지요. 중요한 것은 학원을 다니는가, 그렇지 않은가보다 학원을 다니는 이유입니다. 그리고 부모의 입장에서는 아이의 수학 교육과 관련된 큰 그림이 그려져 있는가 하는 것입니다.

돌이켜보면 학창시절에 저는 순간순간 필요하다고 생각되는 대로 판단을 내렸습니다. 그러나 어떤 상황 안에 있는 사람은 전체를 보기가 힘든 법입니다. 그래서 가장 좋은 판단을 내리기가 어렵기도 합니다. 하지만 부모는 한 발짝 떨어져서 아이를 지켜볼 수 있기 때문에, 어떤 방향으로 공부를 해야 하는지 정확하게 인지하는 것이 필요합니다. 흔들리더라도 부모가 철학이 있는 것과 없는 것의 차이는 클 것입니다. 철학이 부모보다 힘이 센 것이죠.

저는 영어를 잘 못하지만 아이에게 따로 학습지를 시키거나 학원에 보내지 않고 '엄마표 영어'로 진행합니다. 말은 '엄마표 영어'라고 하지만,

실제로는 매일 영어 그림책을 읽어주고, 영어 영상을 보게 하는 정도입니다. 처음에는 방법을 몰라서 '엄마표 영어'와 관련된 책을 찾아 읽고, 유튜브에서 강의도 찾아보았습니다. 그리고 일단 시작했습니다. 아이가 거부할 때도 있었고, 방법이 맞는지 헷갈릴 때도 있었지만, 그럴 때는 또 찾아보고 공부했습니다.

그러다가 '엄마표 영어를 하다가 나중에 학원을 보내면 엄마표 영어가 아닌 것인가?'라는 생각도 들더군요. 그 시기에 유튜브 영상을 보던 중 이런 의견을 보았습니다. '엄마표 영어'란 엄마 혼자서 하는 영어가 아니라고요. 아이의 상황과 시기에 따라서 학원의 도움을 받을 수도 있고 학습지를 할 수도 있겠지만, 그런 걸 하더라도 꾸준히 엄마가 영어책을 읽어주고 노출환경을 만들어준다면 그것도 '엄마표 영어'라는 것입니다. 그러자 한결 마음이 놓이면서 제 방법대로 밀고나가도 되겠다는 생각이 들었습니다.

그러므로 학원 수업도 우리 아이를 잘 살펴보는 기회로 삼으면 좋겠습니다. 무조건 학원을 다니지 말라는 것이 아니라 아이가 어느 부분을 배우고 있는지, 어떤 부분을 힘들어 하는지에 대해 계속 관심을 가져야 한다는 것입니다.

저는 학습 교재를 만들면서 항상 위쪽 부분에 '學+思(배우고 생각하라)'라고 적습니다. 『논어』에 나와 있는 "學而不思則罔, 思而不學則殆(학이불사즉망, 사이불학즉태)"에서 핵심단어 2개를 뽑은 것입니다. 이 말의 뜻은 배우기만 하고 스스로 생각하지 않으면 미련을 떨게 되고, 생각만 키운 채 배우지 않으면 사고 치기 십상이라는 의미입니다. 수학을 하면서도 누군가에게 배우려고 하고 스스로 생각하지 않거나, 혼자의 생각으로 이해하고 정확한 개념을 이해하지 않는 것 모두 경계하라는 뜻으로 적은 것입니다.

수학은 25%의 '배움'과 75%의 '익힘'으로 이루어진다고 믿습니다. 즉, 한 시간을 배웠으면 세 시간은 혼자 공부해야 한다는 의미입니다.

로또를 사는 것은 '일주일 동안 로또에 당첨될 수 있다는 희망을 사는 것'이란 말이 있습니다. 학원도 어쩌면 '우리 아이의 성적이 오를 것이라는 희망에 대한 금액'을 지불하는 것은 아닐까요. 다행인 것은 로또를 사고 나서는 내가 할 수 있는 일이 아무것도 없지만, 학원에 보냈으면 제대로 하고 있는지 집에서 확인은 해볼 수 있으니 노력할 방법은 있다는 것입니다. 또 학원을 보내는 것과 상관없이 아이와 수학을 '1:1'로 만나게 해주는 경험이 필요합니다.

수학 시험 100점을 경험하게 하라

6

제가 학교를 선택하는 첫 번째 기준은 집과의 거리입니다. 아직 운전이 서툴기에, 집과 가까운 학교를 선호합니다. 물론 집과 학교가 가까워서 불편한 점도 있습니다. 너무 편한 복장으로 밖에 나가다가 같은 아파트에 사는 학생과 만나면 민망합니다. 예전에 한 번은 목욕 바구니를 들고 목욕탕을 나오는데, 가르치던 남학생과 바로 마주쳐서 당황했던 적도 있습니다.

제가 사는 아파트에는 우리 학교의 학부모님도 있고, 옆 학교의 학부모님도 있습니다. 자연스럽게 두 학교를 비교하는 이야기를 듣게 됩니다. 하루는 놀이터에서 아이 친구의 엄마를 만났습니다. 내년에 중학교를 입학하는 큰아이는 제가 근무하는 학교 *A*와 그 옆의 학교 *B* 중에서 선택하여 갈 수 있습니다. 그런데 A중학교는 시험 문제가 무난하고, B중학교는 시험 문제가 어렵기 때문에 엄마들이 보통 B중학교를 선호한다고 하는 것입니다. "시험 문제가 어려운 학교가 좋은 건가요?"라고 물으니 "아무래도 시험 문제가 어려우면 애들이 열심히 공부하잖아요."라고 이야기하시더군요.

당황할 수밖에 없었습니다. 코로나 상황이었기에 대면수업보다 원격수업이 많았고, 그것을 고려해서 다른 해보다 문제 난이도가 쉬웠을 수는 있습니다. 그래도 상중하의 난이도를 골고루 분포시켜 시험을 출제했는데, 졸지에 시험 문제가 쉬워서 좋지 않은 학교가 되어버린 것입니다.

저도 과거에 시험 문제를 어렵게 내는 것을 '수학 교사의 자존심'으로 생각했던 때가 있습니다. 고등학교에서 근무할 때는 변별력이 중요했기에 '100점 방지 문제'라고도 불리고 '킬러 문제'라고도 불리는 문제를 출제하기도 했습니다. 그런 문제를 내고 나면 괜스레 뿌듯하기도 했습니다. 그렇게 어려운 문제를 맞히는 학생이 나오면 좋았고, 때로는 학생들이 아무도 풀지 못하는 문제를 출제한 교사로서 위신이 서는 것도 같았습니다. 하지만 '수포자'에 대한 고민을 시작하면서, 아이들이 수학 시험에서 성취감을 느낀 경험이 부족하다는 생각이 들었습니다. 그리고 그 이후로는 과도하게 어려운 시험 문제를 내는 것을 자제하고 있습니다. 고등학교에서는 변별력에도 신경을 써야겠지만, 절대평가로 이루어지는 중학교에서는 굳이 아이들에게 수학 시험에서 좌절하는 경험을 줄 필요가 없다고 생각합니다.

학부모들은 시험 문제가 어려우면 아이들이 공부를 열심히 할 것이고, 실력도 향상될 것이니 어렵게 문제를 출제하는 학교가 좋은 학교라는 생각이겠지요. 하지만 제 경험에 의하면 시험 문제가 어려우면 열심히 공부해도 그만큼 성적이 나오지 않고, 학생들은 '나는 해도 안 되는구나.' 하고 생각하게 됩니다. 그러다 다음 시험부터는 수학 과목을 아예 포기합니다. 어려운 시험에 대한 부모님과 저의 동상이몽입니다.

시험 문제를 출제하면서 제가 생각하는 타협선은 '쉬운 건 확실히 쉽게, 어려운 건 고민할 수 있게'입니다. 아이들이 공부한 만큼 점수를 받고, '나도 하면 되겠는데?'라는 마음이 들게 하는 것이 목표입니다. 그 마음으로 고등학교 가서 수학 공부를 할 때도 심화문제에 도전할 용기를 갖고, 어려운 개념도 파고들 수 있는 힘을 가질 수 있습니다.

평가에 대해서 학부모들과 생각이 다르다는 것을 느꼈던 적이 또 있습니다. 고등학교에서 근무하다가 중학교로 오게 되면서 '배움 중심 수업'을 제대로 해보자고 생각했습니다. 고등학교 수업에서는 시험기간이 다가오면 아이들이 불안한 마음에 친구의 문제풀이보다는 선생님의 설명을 들으려 했고, 저도 중요한 부분에서 개념을 잘못 알지 않을까 하는 마음에 정확하게 다시 짚고 넘어가게 되었습니다. '배움'과 '가르침'이 적당히 섞여 있는 모습이었지요. 하지만 중학교에서는 학생들이 '교사를 거치지 않고' 수학을 만나는 기회가 많았으면 했습니다.

중학교 2학년 1학기는 기존의 형식대로 지필평가가 수행평가보다 비중이 높았습니다. 2학기에는 도형 단원의 비중이 큽니다. 도형과 관련된 성질을 아는지 파악하는 데 지필평가로는 한계가 있기에, 수행평가 비중을 지필평가 비중보다 더 크게 두고 싶었습니다. 그래서 1학기가 끝나갈 무렵 아이들의 생각을 알기 위해 평가방식에 대해 설문조사를 했습니다. 응답은 거의 반반이었습니다. 어떤 방식으로 평가할지 방학 동안 정해야 하는 제 마음도 당시에는 반반이었습니다. 그런데 한 학생이 '2학기 평가방식'과 관련된 설문조사를 했다고 집에 이야기를 했나 봅니다. 그 학생의 부모님은 시험평가방식에 대한 선택권을 학생에게 주었다고 교장선생님께 전했고, 교장선생님은 이런 이야기가 나왔다는 말씀을 하시면서 수학과 선생님들과 의논을 해보라고 하셨습니다. 그 결과 기존의 방법대로 수행평가보다 지필평가의 비중을 크게 두는 것으로 유지하게 되었습니다.

어떤 일이든지 기존의 방법 그대로 하는 것은 변화를 주는 것보다 에너지가 적게 듭니다. 교사로서 수업을 제대로 해보자는 생각으로, 에너지를 더 많이 쏟겠다는 의미를 담아 방법을 바꾸려 한 것인데, 결국 풍선처럼 부풀었던 마음이 마치 바늘에 찔린 것처럼 바람이 빠졌습니다.

그런데 설문조사를 통해 알게 된 새로운 사실이 있습니다. 학부모님은 학생들은 당연히 공부하기 싫어서 지필평가보다는 수행평가의 비중이 높은 것을 선호할 게 분명한데, 그것을 학생들에게 설문조사하는 것이 말이 되는가 하는 생각으로 불평하신 것이었지만, 실제 결과는 거의 반반이었다는 것입니다. 수학 성적이 좋은 아이들이 지필평가를 선호할 거라고 생각했지만, 예상과는 다르게 수학성적이 좋은 아이들은 수행평가의 비중을 높이자고 했고, 수학에 자신 없는 학생들이 지필평가 비중을 높이자고 했습니다. 개념을 정확하게 이해해야 하며, 자신의 노력이 많이 들어가는 수행평가에 비해서 지필평가는 모르더라도 무언가 쓸 수 있다고 생각하는 듯했습니다.

시험을 친 후에는 반별 평균, 문항별 정답률 등과 함께 각 학생들의 그 전 시험성적과 비교를 해보게 됩니다. 이때 성적이 많이 오른 친구에게는 따로 칭찬을 해주기도 합니다. 학생들도 열심히 해서 성적이 올랐으니 선생님의 칭찬을 기대하고 있을 테니까요. 그렇게 한 명씩 성적을 확인해보다가, 그 전 시험에서는 0점을 받았던 우영이가 이번에 41점을 받은 것을 확인했습니다. 복도에서 만나 칭찬을 해주면서 어떤 기분인지 물었더니 수학 공부를 해야겠다는 생각이 들었다고 하더군요.

그렇습니다. "너는 할 수 있어!"라는 말보다 자신이 점수를 잘 받아본 그 경험이, "까짓것, 수학 공부 한번 해보지 뭐!"라는 생각이 들게 합니다. 이런 경험이 수학에 대한 호감을 가지게 하고, 태도를 바꾸게 합니다. 이렇게 아이들이 마음을 바꿀 수 있는 기회를 많이 주고 싶습니다.

사춘기에 우리 아이가
수학에 손을 놓는다면?

7

　학교에서 생활하다 보면 심리적으로 힘든 아이들도 많습니다. 수학 시간에 표정이 안 좋은 아이와 이야기를 해보면, 정말로 "수업에 집중하기 힘들겠구나." 하고 수긍이 되는 일도 있습니다. 좋아하는 아이돌의 콘서트에 가고 싶은데 엄마가 반대해서, 외모에 콤플렉스가 있는데 친구가 그 부분을 이야기해서, 자신이 키우던 고양이가 무지개다리를 건너서, 급식을 먹으러 가는데 자기만 빼놓고 친구들이 가버려서, 단톡방에 자기가 말하면 그다음에 대화가 끊기는 느낌이 들어서 등등 수많은 이유가 있습니다. 어른들이 보기에도 결코 작아 보이지 않는 이 문제들이 아이들의 마음에서는 얼마나 큰 상처가 되고 있을까요. 그 상황에서 수학 수업에 집중하지 못한다고 혼나야 하다니.

그럴 때 가족은 힘든 마음을 달래주는 존재가 될 수 있습니다. 다른 사람들에게 상처받고, 일에 찌들고, 몸이 아파도 가족이 옆에 있으면 자연스럽게 숨을 고를 수 있습니다. 아주 따가운 햇볕도 한 그루 나무의 그늘 아래에서 피할 수 있는 것처럼, 때로는 못 살 것같이 힘들더라도 가족이 커다란 버팀목이 되는 것입니다.

우리 아이들은 많이 힘듭니다. 본인도 사춘기를 겪느라 힘들고, 옆의 친구도 같이 사춘기를 겪고 있으니 너 나 할 것 없이 다들 감정적으로 힘이 듭니다. 게다가 해야 할 공부는 점점 많아지고 부담도 커집니다. 할 일은 많고, 충분히 놀 시간은 없지요. 그런 아이들에게는 아마 가족들의 따뜻한 말 한마디, 잘하고 있다고 보내는 눈빛이 나무 그늘이 될 것입니다.

사춘기는 '엄마한테 소리를 지르고, 문을 쾅 닫고 들어가고, 공부를 하지 않고 게임만 하는' 전형적인 모습으로 종종 표현됩니다. 한번은 제 아이가 "나도 사춘기가 되면 그렇게 되는 거야?"라고 묻기에, 사춘기에는 다양한 모습이 있다고 말해주었습니다.

실제로 학교에서 봐도 그렇습니다. 전체적으로 친구들의 시선을 의식해서 자신을 표현하지 않으려는 공통된 모습도 있지만, 어떤 아이는 자신의 미래가 걱정되어 더 열심히 공부하고, 어떤 아이는 왜 남들이 시키는 대로 살아야 하는가 고민을 시작하기도 합니다. 어떤 모습이 정답이라고 말할 수는 없습니다. 누구나 겪어야 하는 시기이니만큼 차라리 일찍 겪는 게 낫지 않을까 싶기도 합니다.

저도 그렇게 마음이 요동치는 사춘기를 보냈습니다. '있는 듯 없는 듯'

지나갔다고 말하시는 걸 보면, 바빴던 부모님은 잘 모르셨겠지만 말이지요. 제가 사춘기 때 써놓은 일기를 보면 민망할 정도로 불만이 많습니다. 언니가 원하는 것은 사주고 왜 나는 사주지 않느냐부터 시작해서, 하나부터 끝까지 사소한 모든 것이 불만입니다. 반항하는 마음에 친구와 시내에 놀러갔다가 시간이 늦었는데도, 전화가 오거나 찾지 않아 결국 제 풀에 꺾여 돌아간 적도 있습니다.

이렇게 사춘기는 '누구나' 겪는 것입니다. 그 당시에 부모님이 저에게 '사사건건' 신경을 썼다면 저도 엇나갔을지 모릅니다. 하지만 늘 바쁘고 신경 쓸 것이 많았던 제 어머니는 자연스럽게 사춘기 딸과 거리를 유지할 수 있었고, 저는 무난히 그 시기를 넘겼습니다. 이제는 저도 내 아이에게 그렇게 할 수 있을까, 생각하며 한 걸음 뒤에서 지켜보겠다고 다짐합니다. 그리고 아이가 스스로 그 시기를 현명하게 넘길 수 있도록 미리부터 좋은 습관을 키워주자고 마음먹습니다. 부모가 직접 도움을 주지는 못할지 모르지만 '습관의 힘'을 믿어보는 것입니다.

부모가 아이에게 난로 같은 존재가 되어주면 좋겠습니다. 더울 때는 (스스로 에너지가 생길 때는) 잊고 있다가 살아가다가 마음이 추워지면 언제든지 찾아올 수 있는, 그런 존재 말이지요. 그 거리도 시기에 따라서 달라지겠지요. 어린 시기에는 아이의 세계에서 부모의 존재가 크기 때문에 부모라는 난로가 좀 더 가까이에 있겠지만, 아이가 점점 자라면서 그 거리는 멀어질 것입니다. 그리고 사춘기가 특히 그 계기가 될 수 있겠지요. 사춘기 시절에는 아이들의 에너지가 더 커지고, 스스로도 생각이 많아지기 때문에 조금 더 떨어져 있어줘야 할 것 같습니다.

수학으로 다시 돌아와볼까요? 수학이 싫다는 아이에게 언제까지 버티라고 할 수 있을까요. 산은 그저 바라보기 위해 존재하는 것이라 믿으며 사는 사람에게 '건강을 위해' 하는 말이라면서 매일 산에 오르도록 한다면 그 사람은 과연 행복할까요? 먼저 심리적으로 골병이 들 것입니다. 차라리 산책하는 재미부터 들이고 주변에 등산을 취미생활로 하는 사람들의 이야기를 들려주고, 가까운 산을 오르면서 정상에 올랐을 때의 기분을 느끼게 해준다면, 이 아이가 자라서 등산을 좋아할 사람이 될 가능성이 훨씬 커지지 않을까요?

수학도 멀게만 여기는 아이에게 "넌 할 수 있다, 믿는다, 버텨라, 옆집 철수도, 앞집 영희도 다 한다."라고 해봤자 먹히지 않습니다. 일단 쉬운 문제를 풀면서 아이 스스로 재미를 느껴야 합니다. 대학 갈 때까지만 참고, 취직할 때까지만 참고, 결혼할 때까지, 집 살 때까지, 애 낳을 때까지, 애 클 때까지, 일 그만둘 때까지 끝없이 참기만 해야 하는 인생은 슬픕니다. 참지 말고, 버티지 말고, 그때그때의 모든 시간을 즐길 수 있는 사람이 되면 좋겠습니다.

수학 문제 하나 때문에 인생이 망하지는 않습니다. 틀린 문제는 내가 어느 부분을 잘 모르는지 알려주는 소중한 기회가 됩니다. 그러므로 즐기면서 조금씩 나아질 수 있도록 차근히 해나가면 됩니다.

수학도 취미가 될 수 있다

인스타그램에서 재밌는 영상을 하나 봤습니다. 폼롤러 위에 서 있다가 뛰어서 한 바퀴를 돈 다음에 다시 폼롤러 위에 착지하는 것이었습니다. 처음에는 실패하는 장면부터 나왔는데 점점 발전해가는 모습이 좋았습니다. 그러다가 나중에 정확히 착지에 성공하여 환하게 웃는 모습을 보니 저도 덩달아 기뻤습니다. 누군가는 "대체 저걸 왜 하는 거지?"라고 말할지도 모릅니다. 아마 딱히 이유는 없을 겁니다. 그저 '한번 해보고 싶으니까' 정도가 아니었을까요?

우리가 살아가면서 하는 행동들에 꼭 어떠한 명분이 있어야 할까요. 이 세상을 왜 살아가느냐고 묻는다면 대답은 간단합니다. 태어났기 때문에 살아가는 겁니다. 그렇다면 왜 하냐는 물음에 '하고 싶으니까' 한다는 것은 너무도 정확한 대답이 아닐까요. 그리고 하고 싶어서 하는 일들이 아마도 우리가 흔히 말하는 취미생활일 것입니다. 돈이나 명예나 대단한 것을 바라지 않고, 오로지 자기 자신의 만족을 위해서 시간을 보내는 것 말입니다.

그런데 저에게는 딱히 취미활동이랄 만한 것이 없습니다. 다른 사람들처럼 악기 연주나 그림 그리기, 꽃꽂이 등에 저는 큰 흥미가 없습니다. 우선 하고 싶은 마음이 드는 것이 중요한데, 그렇지 않은 것입니다. 그런 제가 좋아하는 것은 수학 관련 책을 읽다가 수학을 직접 해보는 것입니다. 그래서 수학 책을 읽다가 다양한 문제들을 직접 풀면서 시간을 보내기도 합니다.

이런 제가 이상한 건가 싶어서 한번은 인스타그램에 '수학'으로 검색을 해보았습니다. 어른 중에서도 취미생활로 수학 문제집을 푸는 사람이 있었습니다. 중학교 문제집을 풀기도 하고 고등학교 문제집을 종류별로 준비해서 푸는 사람도 있었습니다. 또 매일 정해진 분량만큼 문제를 풀고 채점한 것을 인증하기도 하더군요. 그분에게는 그것이 취미활동이라는 생각이 들었습니다. 사람들은 자기의 직업과는 조금 다른 활동을 취미생활로 삼는 경우가 많은데, 저는 수학을 가르치는 것을 직업으로 삼으면서도 멀리 가지 못하고 수학 관련 책을 읽는 것이 취미생활로 자리 잡게 되었습니다.

여러분도 취미생활로 '수학책 읽기'를 한번 해보시기를 추천합니다. 왕년에 수학을 잘했던 사람들에게는 보다 깊이 이해해볼 수 있는 기회가 될 것이고, 수학을 포기했던 사람이라면 "내가 아는 수학이랑 조금 다른데?" 하는 느낌으로 새로운 수학을 만나게 될지도 모릅니다. 그러면서 어릴 때 수학으로 인해 받은 상처가 조금이나마 치유될지도 모릅니다. 수학을 수학으로 치유하는 방법입니다.

제 사례를 예로 들어보면, 저는 '음악(정확히는 음악시험)'을 좋아하지 않았고 음악으로 인해 상처도 많이 받았습니다. 그런데 아이가 음악학원에 다니는 대신 엄마랑 음악 공부를 한다고 하는 바람에 음악이론 책을 사서 보게 되었습니다. '도레미파솔라시도'를 익히고 높은음자리표와 낮은음자리표를 배웠습니다. 위치를 보고, 낮은음자리 '도'부터 하나씩 올라가면 높은음자리의 '가온 도'까지 연결이 되는 것도 알게 되었습니다. 하나씩 알아가는 재미가 있었습니다. 그래서 아이가 직접 악기의 소리를 들어보며 공부하면 좋을 것 같아 학원을 다니게 되었습니다. 어린 시절에 이런 궁금증을 가지고 직접 알아보면서 공부했다면 훨씬 재미있게 음악을 접하지 않았을까 하는 생각이 듭니다.

물론 음악 이론을 조금 안다고 해서 노래를 잘 부르게 된다거나 악기 연주가 가능하지는 않습니다. 마찬가지로 수학 관련 책을 읽는다고 해서 수학 문제를 푸는 데 직접적인 영향을 주는 것은 아닙니다. 그러나 '수학을 대하는 자세'가 달라지게 됩니다. 예전에는 수학과 음악이 연관되어 있다는 말을 들으면 무슨 의미인지 와닿지 않았지만, 아이와 함께 아주 기본적인 음악이론을 살펴보는 것만으로도 이제는 음악과 수학의 연관성을 느끼게 되었습니다. 또 공부하면 나도 할 수 있겠다는 마음이 생겼고, 재미있다는 느낌도 갖게 되었습니다.

그러니 서점에 가서 먼저 마음에 드는 수학책을 골라보면 좋겠습니다. 수학과 관련된 책을 한 권 읽다 보면, 책이 책을 소개해주며 연결되는 경우가 많습니다. 그 흐름을 따라 읽어나가는 방법도 좋습니다.

중요한 것은 스스로 감상하고 내용을 느끼는 과정입니다. 따라서 요약본을 읽으면 다 아는 것 같지만, 그 이상의 발전은 없습니다. 다른 책이나 영화와 연관 지어 생각하거나 작가의 생각과 다른 전개를 떠올릴 수도 없습니다. 시간을 아끼려고 한 일이지만, 오히려 그 시간을 낭비하는 것입니다. 수학도 하나의 개념을 정리해놓은 것만 읽으면 다 아는 것 같은 생각이 들 수 있지만 그건 착각입니다. 자기 스스로 수학 개념에 대해 깊이 생각하고 직접 정리하는 경험이 있어야만 그 과정에서 수학적 능력이 길러집니다.

학창 시절에 수학을 제대로 배우고 공부하는 게 가장 중요하지만, 그 시기를 이미 지나쳐왔다면 다시 수학과 만날 기회를 만들어야 합니다. 앞에서 얘기했듯 시험을 치지 않으니 보다 편한 마음으로 만날 수 있고, 순수한 즐거움을 느낄 수 있습니다.

아이에게 영어책을 읽어줄 때 내용이 이해되지 않아도 먼저 '영어'를 읽어준다는 것에 초점을 맞추고, 시간이 지나서 그 영어책의 번역본을 읽으면 내용이 새롭게 다가옵니다. 대략 짐작만 하고 있다가 한글로 정확하게 뜻을 파악하고 나니 새롭고도 재미있는 것입니다. 수학책을 읽으면서도 이와 같은 기분을 경험할 수 있습니다. 수학 교과서나 문제집에서

본 '공식'과 '문제'들을 알 것 같은 느낌만 가지고 있다가, 실제로 그와 관련된 책을 읽고 직접 문제를 해결해보면 전혀 다르게 새로운 느낌을 느낄 수 있습니다. 그렇게 직접 해보면서 시선과 태도가 달라지는 경험을 학부모님도 가져보았으면 합니다. 누구나 수학을 취미로 할 수 있습니다.

|3부|

고등학교 수학이 진짜 수학이다

: 중학 수학 특급 처방전

문제풀이보다는 '개념'이다

1

학창 시절에 저는 스스로 문제풀이 위주의 공부법을 하고 있다는 사실을 알면서도 바꾸지 못했습니다. 이유는 간단합니다. 개념 중심으로 공부하는 방법을 몰랐기 때문입니다. 당시의 공부 방법으로도 성적이 어느 정도 나오고 있었기에, 굳이 방법을 바꿔야 할 필요가 없었기도 합니다. 그러나 그것은 잘못이었습니다. 고등학생이 되어 수학 공부를 하면서 비로소 좌절하게 되었으니까요.

개념 중심으로 공부한다는 의미가 무엇인지 예를 들어 설명하면 이해가 쉬울 것 같습니다.

중학교 1학년이 되면 '소인수분해'를 배웁니다. 초등학생 때는 0.2, 8.51과 같이 일의 자리보다 작은 자릿값을 가진 수라는 의미의 소수(小

數)를 배우는데, 중학생이 되고는 '1보다 큰 자연수 중에서 1과 그 자신만을 약수로 가지는 수'라는 의미의 소수(素數)를 배웁니다. 보통은 '소수'와 '합성수'의 의미를 외우고 '1은 소수도 합성수도 아니다'라는 부분에 밑줄을 쫙 긋고 기억합니다. 그러고는 문제를 풉니다. 정답을 맞히면 '이해했다'고 판단하고 다음 내용을 배웁니다. 이것이 전형적인 '문제풀이' 위주의 공부법입니다.

그런데 이미 알고 있던 '소수(小數)'와 새로 등장한 '소수(素數)'의 한자어는 다릅니다. '아, 다르구나.' 하고 넘어가는 것이 아니라 어떻게 다른지 설명할 수 있어야 합니다. 검색을 해보고 정리합니다. '소수(小數)'는 '1보다 작은 수의 표현'이고, '작다'는 의미가 들어 있어서 '작을 소(小)'를 쓰며, 영어로는 *decimal*입니다.

반면 '소수(素數)'에서 '소'는 '흴 소(素)'입니다. 왜 '희다'는 글자를 사용했을까요?

사람들은 수학에도 모든 수의 기본이 되는 중요한(prime) 수(number)가 있다고 생각했습니다. 그중에서 여러 정수를 아무리 조합해도(곱하여도) 만들어지지 않는 수를 떠올렸습니다. 원래 마음대로 그림을 그릴 수 있는 하얀 천을 의미하므로 소수는 '바탕이 되는 수'라는 뜻입니다.

이렇게 스스로 설명할 수 있는 상태가 되면 직접 소수(素數)를 구해봅니다. 노트에 적어보는 것이지요. 1은 아니고, 2는 맞고, 3도 맞고, 4는 아니고, 5는 맞고, 6은 아니고, 하는 식으로 찾아봅니다. 이렇게 찾아가다 보면 소수와 친해집니다. '소수 중에서는 왜 2만 짝수일까?', '큰 수를 보고 소수인지 빨리 판단하는 방법이 있을까?', '소수의 개수는 몇 개일까?' 등의 의문을 갖게 됩니다. '1은 소수도 합성수도 아니다'라고 한 부분을 보면 '왜 1이 소수가 아니지?'라는 생각을 해볼 수도 있습니다. 사소한 조건이지만 사소하지 않게 생각하는 연습을 하다 보면 스스로 개념의 심화가 이루어집니다. 또 궁금한 부분은 자신의 노트에 적고 교과서를 참고하면서 이에 대한 답을 찾아나갈 수도 있고, 해결이 되지 않는 부분은 학교 선생님께 질문할 수도 있습니다.

이렇게 공부하면 '에라토스테네스의 체'를 보고 "이런 것까지 공부해야 하나?"라고 느끼는 것이 아니라 "와, 내 생각이랑 똑같네!"라거나 "나는 이런 방법은 생각하지 못했는데!"라고 느끼게 됩니다. 수학자를 향해 '수학을 왜 만들어서 나를 힘들게 하나' 하고 생각하는 것이 아니라 '나의 수학 공부에 도움이 되는 사람'이라고 느끼게 되는 겁니다.

'1'은 정의하기 나름이지만 '소수'가 아니라고 정한 것에는 이유가 있습니다. '소인수분해의 유일성(하나의 수에 대해 소인수분해한 결과는 유일하게 표현된다.)'을 갖게 하기 위해서입니다. '원래'부터 그런 것이 아니라 수학자들이 편의를 위해 그렇게 정한 것이지요.

이렇게 소수를 배우면 비로소 소인수분해를 할 수 있습니다. 초등학교 5학년에서 '약수'라고 배웠던 단어는 중학교 1학년에서는 '인수'라고 합니다. 소인수는 '소수인 인수'입니다. 소인수분해를 하면 그 수가 어떤 수로 구성되어 있는지 한눈에 파악할 수 있기에, 약수를 구하거나 제곱수를 만들 때 유용합니다.

소인수분해를 하는 방법도 다양합니다. 미리 누군가로부터 방법을 배우기보다 스스로 해보기를 추천합니다. 누군가의 입을 통해서 "소인수분해를 하는 방법에는 네 가지가 있어. 그런데 표를 그려서 하는 방법이 가장 좋아."라고 들으면 이 학생은 네 가지 방법을 배운 게 아니라 한 가지 방법을 배운 것이며, 표를 그리는 방법을 암기하게 됩니다. 그렇게 하지 않고 직접 머릿속으로 나누면서 찾아보기도 하고, 두 수의 곱으로도 표현해보면서 '이 방법은 수가 커지면 약수를 빠뜨리는 경우가 있구나.' 하고 직접 느껴야 합니다. 그러다가 '빠뜨리지 않고 모두 찾는 방법'을 고민하는 겁니다. 교과서에 '수형도'와 '표'가 제시되어 있으니 한번 해보는 겁니다. 그럼 표를 그리는 것이 얼마나 효과적인지 알게 됩니다. 물론 문제 풀이식 방법으로 공부해도 중학교에서는 성적이 비슷하게 나오니 당장은 개념 중심 공부의 효과를 알기 어렵습니다.

고등학교 1학년 때 '경우의 수' 단원에는 '곱의 법칙'과 관련된 대표적인 예로 '약수의 개수'를 구하는 문제가 나옵니다. 중학교 1학년 때 소인수를 구하는 방법으로 표를 그리면서 '왜' 그렇게 하는지 정확히 이해한 친구들은 따로 공부할 필요가 없습니다. 그 표에 있는 칸의 개수가 바로 약수의 개수이기 때문이지요. 하지만 그 표를 그냥 외웠던 학생들은 어떨까요? 이제는 '약수의 개수'를 구하는 공식을 또 외워야 합니다. 개념을 제대로 익혀놓으면 그 다음 단계에서도 자연스럽게 스스로 알 수 있는데, 단순히 암기만 하다 보니 학년이 올라갈수록 암기할 내용이 많아져서 수학이 부담스러워지는 것입니다.

중학교 1학년 과정에서 '정비례와 반비례'에 대해 배웁니다. 그리고 이것을 바탕으로 중학교 2학년 때 '일차함수' 개념을 시작합니다. 학생들은 '정비례'와 '반비례'를 들은 기억은 나지만, 무엇인지 이야기해보라고 하면 "정비례는 증가하는 거고, 반비례는 감소하는 거요."라고 뭉뚱그려 말합니다. 일차함수를 시작할 준비가 되지 않은 것이지요.

두 변수 x, y에 대하여 x의 값이 2배, 3배, 4배⋯⋯로 변함에 따라 y의 값도 2배, 3배, 4배⋯⋯로 변할 때, y는 x에 정비례한다고 합니다. 두 변수 x, y에 대하여 x의 값이 2배, 3배, 4배⋯⋯로 변함에 따라 y의 값이 $\frac{1}{2}$배, $\frac{1}{3}$배, $\frac{1}{4}$배⋯⋯로 변할 때, y는 x에 반비례한다고 합니다. 이렇게 정확하게 말할 수 있어야 합니다. 그리고 이런 의미라면 '정비례' 관계여도 증가할 수도 있고, 감소할 수도 있다는 것을 알게 됩니다.

특히 중학교 1학년은 아직 제대로 된 수학 공부 방법을 익힐 시간적 여유가 충분합니다. 조바심 내면서 선행학습을 할 것이 아니라 이렇게 개념을 확실히 다지는 시기가 되었으면 좋겠습니다.

출제자가 되어보라

2

문제를 푸는 학생의 입장에서 거꾸로 문제를 출제해보는 것은 매우 도움이 됩니다. 저도 중학생 시절에 '문제 만들어보기'를 했다면 좋았을 텐데, 아쉽게도 그러지 못했습니다. 그런데 임용고사를 준비하던 재수 시절, 이 방법이 효과가 있다는 것을 알게 되었습니다.

당시 저는 동기 언니 두 명과 일주일에 한 번 모여서 스터디를 하면서 문제를 풀었습니다. 그날의 범위를 정해서 관련된 문제를 각자 찾아오고, 서로가 가져온 문제를 풀고 나서 설명을 하는 식이었지요. 여러 문제집에서 여러 강사가 출제한 많은 문제를 선배들을 통해 접할 수 있었지만, 그런 자료를 많이 가지고 있지 않았던 저는 한번 문제를 만들어보기로 했습니다. 저명한 수학교육학자 폴리아(*G. Polya*)도 문제 해결 단계를 문제의 이해, 풀이방법의 계획, 계획 실행, 검토의 4단계로 구분하고 마지막 '검토' 단계에서는 조건을 변경하여 새로운 문제를 만들어보라고 제시하기도 했으니까요.

그래서 일주일에 한 번인 스터디를 위해, 평일에 공부를 하면서 문제를 만들었습니다. 이 개념을 이용해서 어떤 문제를 만들어낼 수 있을까 궁리하며 보냈고, 그러다 마음에 드는 문제를 떠올리면 그렇게 흐뭇할 수가 없었습니다. 스터디하는 날이 점점 기다려졌습니다.

그러던 중 하루는 『유키걸』이라는 수학 관련 소설을 읽다가, 주인공 테트라가 $\sum_{n=1}^{\infty}\frac{1}{n^2}$이 수렴한다는 것을 증명해내는 과정이 나왔는데 아주 인상 깊었습니다. 대학 교재에서는 보통 $\sum_{n=1}^{\infty}\frac{1}{n}$이 발산하는 과정을 보여주고, p-급수 판정법에 의해서 $\sum_{n=1}^{\infty}\frac{1}{n^2}$은 수렴한다는 결론을 내고 끝납니다. 그런데 그 과정이 설명되어 있어서 이번에는 그것으로 문제를 만들어보았습니다.

그 주의 스터디 시간에는 언니들이 문제를 푼 뒤에 제가 칠판에서 증명을 했습니다. 그렇게 직접 낸 문제를 설명하기 위해 증명을 이해하고 외우는 과정은 그저 맹목적으로 개념을 암기하는 과정과는 느낌부터 달랐습니다.

몇 년이 지난 후 김상미 작가의 『오일러 패러독스』에서 $\sum_{n=1}^{\infty}\frac{1}{n^2}=\frac{\pi^2}{6}$라는 식을 만나니 얼마나 반갑던지요. 이 과정을 직접 증명해보려고 애쓴 사람과 그렇지 않은 사람은 식을 대하는 느낌이 다릅니다. 그러므로 학생들도 직접 교과서에 나오는 개념들을 이용해서 문제를 만들어보면, 수학 시험지를 보면서 무조건 어렵다고 투덜대는 것이 아니라, 때로는 문제의 신선함에 감탄하는 날이 올 것입니다.

그렇게 몇 개월 동안 진행된 스터디를 통해 제게는 문제를 보는 눈이 생겼습니다. 직접 문제를 만들어보았으니, 문제를 만드는 과정이 얼마나 힘든 일인지도 알게 되었습니다. 전년도에는 강사들이 만든 문제들을 볼 때 '어떻게 이렇게 꼬아서 문제를 만들었나.' 하며 한탄했는데, 그해에는 '어떻게 이렇게 신선하게 문제를 만들 수 있지?'라고 감탄하면서 문제를 풀게 되었습니다.

문제를 푸는 것이 힘들면 정리해둔 개념노트를 살펴보면서 다시 풀고, 또 그 문제에 사용된 개념과 관련된 다른 문제를 풀어보고 나서 다시 풀어보기도 했습니다. 문제를 풀고 답을 적은 후에는 강의를 들으면서 강사가 이 문제를 만들게 된 이유에 대해서 듣고, 강사의 답과 내 답이 어떠한 차이점이 있는지 살펴보는 식으로 공부하게 되었습니다.

선생님의 중요한 일 중 하나는 시험 문제 출제입니다. 평가에 대한 계획이 수업에 대한 설계보다 먼저 이루어지는 것이 원칙입니다. 평가문항은 수학 내용을 가르친 후에 아이들이 성취기준에 도달했는지 알아보기 위한 것입니다. 시험 문제를 내는 과정은 교사에게도 수업내용을 정리하는 시간이 될 수 있습니다. 해당 부분에서 가장 중요한 개념이 무엇인지 고민하여 문제를 출제하기 때문입니다. 그래서 학생들도 직접 문제를 만들어보면 비로소 핵심적인 내용이 무엇이고 그 개념이 어떻게 적용되는지 알게 됩니다. 제가 학생에게 '문제 만들어보기' 활동을 강조하는 이유입니다.

실제로 수업 시간에 직접 문제를 만드는 활동을 합니다. 시험 범위에 해당하는 교과서 내용을 훑어보면서 자신의 마음을 불편하게 하는 문제를 찾고, 그 문제를 변형시켜서 스스로 문제를 만들어보는 것입니다.

다들 문제를 낸 뒤에는 그 문제를 적은 종이비행기를 접어서 날리고, 자신의 책상 근처로 날아온 비행기를 집어서 다른 친구의 문제를 풀어봅니다. 종이비행기를 날리는 게 너무 소란스러워지면 친구들이 낸 문제를 포스트잇에 적고, 다른 친구들이 하나씩 뽑아가서 문제를 풀기도 합니다.

장 폴 사르트르는 *"Life is C between B and D."*라고 말했습니다. 즉 태어남(*Birth*)과 죽음(*Death*) 사이에 선택(*Choice*)이 있다는 의미입니다. 이 이야기를 직접 해줄 수도 있지만, 은밀하게 감추는 재미도 있습니다. 영재학급 수업에서 마방진을 다룰 때였습니다. 마방진과 관련된 게임을 만들면서 응용해본 것입니다. 문제를 푸는 아이들은 그저 한 번 해결하고 넘어가는 것이지만, 만드는 입장에서는 어떤 문장을 넣을까, 부터 훨씬 많은 고민을 하게 됩니다. 아이들도 직접 그 느낌을 느껴보았으면 좋겠습니다. 그래서 6차 마방진을 직접 찾아보게 하고, 원리를 알아본 뒤 스스로 해독해보게 했습니다.

28	4	3	31	35	10
36	18	21	24	11	1
7	23	12	17	22	30
8	13	26	19	16	29
5	20	15	14	25	32
27	33	34	6	2	9

[표1]

	e	*f*	*a*	*C*	
?		*r*		*b*	*L*
s	*h*	*e*	*n*	*t*	*e*
	t	*n*	*b*	*e*	*d*
	i	*e*	*w*	*a*	*t*
d	*h*	.	*i*	*i*	*C*

[표2]

일상생활에 수학이 있다

3

중학교 1학년 학생들의 '주제 선택 수업'을 맡은 적이 있었습니다. 다양한 주제로 수업을 개설하고 학생들은 각자 원하는 수업을 선택해 듣는 것입니다. 저는 어떤 주제로 수업을 할까 고민하다가, 당시에 읽었던 『슬로리딩』을 접목하고 싶어서 '책으로 만나는 수학' 반을 개설했습니다. 저는 책과 수학이 최상의 조합이라고 생각하지만, 학생들에게는 그다지 매력적이지 않을 거란 사실을 잘 알고 있었기에, 많은 아이들이 들어올 거란 기대는 하지 않았지요.

먼저 『시간을 보는 아이 모링』으로 책을 정하고, 개학하기 전에 계속 책을 읽으면서 어떤 부분으로 '샛길 활동'을 할 것인지 생각했습니다. 평소 저 스스로가 창의적이지 못하다고 생각했는데, 계속 고민하다 보니 이런저런 아이디어들이 반짝 떠올랐고, 그때마다 마음에 들었습니다. 수업에 대한 기대감이 점점 높아졌습니다.

새로운 수업을 시작할 때는 먼저 교사가 그 수업에 대한 확신과 즐거움이 있어야 성공하는 것 같습니다. 교사가 원하지 않은 채로 시작한 일은 아이들도 귀신같이 알아채더군요.

『슬로리딩』은 일본에서 국어 교육 열풍을 불러일으킨 하시모토 다케시 선생님의 교육법에서 따온 이름입니다. 이 선생님은 3년간 『은수저』라는 한 권의 책을 읽으면서 소설 속에 등장하는 연 놀이나 100가지 일본 시를 카드로 만들어 맞추는 놀이를 실제로 수업 시간에 해보는 등, '샛길'로 빠지면서 아이들에게 배우는 즐거움과 재미를 느끼게 해주었습니다. 이렇게 한 권의 책을 오래, 천천히 읽으면서 그 책을 중심으로 다양하고 깊이 있는 활동으로 확장해가는 것이 슬로리딩 수업법입니다.

『시간을 보는 아이 모링』은 중학교 수학 선생님이 쓴 소설책입니다. 아빠와 함께 네팔로 여행을 갔는데 대지진으로 아빠가 사망하게 되고, 그 뒤에 심리치료를 받고 엄마와 다른 곳으로 이사를 간 모링이 반고 할아버지와 만나게 되면서 펼쳐지는 이야기이지요. 중학교 1학년과 나이가 비슷한 15세 남자아이의 이야기이기에 공감대가 형성될 것이라고 판단했고, 곳곳에 함께해볼 수 있는 활동들이 숨어 있어서 이 책을 선택했습니다.

먼저 첫 시간에는 한 학기 동안 우리가 어떤 수업을 할지 설명하고 모둠을 만들었습니다. 이 수업을 선택한 아이들은 총 21명이었는데, 소곤

소곤 논의를 하면서도 적극적으로 활동이 이루어지려면 한 모둠에 3명이 적당하다고 판단했습니다. '시/간/을/보/는/아/이' 7글자를 종이에 적고 3장을 인쇄해 같은 글자를 뽑은 아이들끼리 한 모둠이 됩니다.

아이들은 목차에 들어 있는 '귀신, 할아버지, 비밀, 고백, 슬픈 기억'이라는 단어가 꽤나 흥미진진했나 봅니다. 책을 읽지 않은 상태에서 차례 부분을 보며 내용을 추측하는 시간을 가졌습니다. '열네 살, 스스로 일어서기'라는 부분을 보고, 모링은 다리가 불편한 장애인이었는데 반고 할아버지가 초능력을 발휘해 다리를 낫게 해주었다고 발표했습니다. '스스로 일어서기'라는 말을 표현 그대로 받아들인 것입니다.

수업은 이렇게 진행했습니다. 매 시간 제가 먼저 세 쪽을 읽습니다. 아이들에게 책을 읽어준다는 것이 처음에는 다소 어색했지만, 생각보다 효과가 있었습니다. 교실 이동 후에 다소 소란스러워진 분위기가 선생님이 책을 읽는 동안 정리되고, 어느새 내용에 집중하게 됩니다. 다음에는 각 모둠이 돌아가면서 소리 내어 읽고, 다시 묵독으로 한 파트가 끝날 때까지 읽습니다.

그다음에는 각 장에 들어 있는 내용으로 '샛길 활동'을 합니다. 책 내용에 "그럼 0.1㎜의 종이를 몇 번 이상 접어야 그 정도 두께가 나올까요?"라는 부분이 있습니다. 그래서 우리도 실제로 신문지를 접어보기로 합니다. 학교 행정실에 쌓여 있는 신문지를 가져와 접어보고, 총 몇 번 접을 수 있는지 확인합니다. 분위기는 자연스럽게 누가 더 많이 접는지 대결하는 것으로 이어집니다. 이 활동이 고등학생이 되어 지수를 배울 때 연관되어 떠오르길 바라는 제 마음과는 달리, 아이들은 결국 남은 신문지로 종이칼을 만들어 결투를 합니다. 잠깐이지만 즐거운 시간을 보낼 수 있었습니다.

이 책에는 곳곳에 수학자들과 관련된 이야기도 나옵니다. 피타고라스, 탈레스, 아르키메데스, 뉴턴, 아벨, 칸토어가 등장하는데, 이와 관련된 내용들을 정리해서 발표하도록 했습니다. 책에서 수학자들을 만나면서 수학과 수학자들에게 친숙해지고, 무엇보다 그들의 사고과정을 엿볼 수 있었지요.

선생님에 따라 수업을 구성하는 모습은 다양합니다. 수업의 진도와 평가가 있기 때문에 자유롭게 할 수 있는 활동에는 한계가 있는데, 중학교 1학년을 대상으로 하는 '주제 선택 수업'은 그런 면에서 수학을 만나는 좋은 시간이 될 것 같습니다.

제가 현재 근무하고 있는 학교에는 영재학급이 있습니다. 처음에는 이 아이들과 어떤 수업을 할까 고민하다가, 수업 시간에는 다루기 힘들지만 아이들과 해보고 싶었던 활동들을 하기로 했습니다. 처음 하는 수업이었기에 더 열심히 준비했고, 아이들도 열심히 참여해주어서 수업하는 내내 즐거웠습니다. 아마 친구들의 모습을 보면서 서로 배우는 점도 많았을 것입니다. 함께 했던 여러 수업 중에 '페르미 추정'과 관련된 활동을 소개합니다.

『나는 수학으로 세상을 읽는다』라는 책에는 페르미 추정과 관련된 이야기가 등장합니다. 페르미 추정이란 어떠한 문제에 대해 기초적인 지식과 논리적 추론만으로 짧은 시간 안에 대략적인 근사치를 추정하는 방법입니다. 페르미 추정은 정확한 값을 구하는 것보다 스스로 가설을 세우고 문제를 해결해나가는 과정을 중시합니다.

먼저 유튜브 '토론 배틀 대회' 영상에 나오는 "2011년 한 해 동안 우리나라 성인 1명이 마신 커피는 338잔입니다. 그렇다면 2012년 8월 29일 현재, 서울 여의도 지역에 영업 중인 커피 전문점은 몇 개이고, 가장 인기 있는 메뉴 세 가지는 무엇일까요?"라는 질문에 답을 해보고, 영상에서는 답을 어떻게 도출하였는지 보면서 페르미 추정이 무엇인지에 대해 알아보는 것으로 시작합니다.

그런 다음 책에 나오는 질문들의 답을 찾아가는 과정을 소개합니다. 책에는 "당신이 좋아하는 책에 쓰인 단어는 모두 몇 개일까?", "성인의 머리카락 수는 몇 개일까?", "집에서 가장 많은 에너지를 소비하는 건 무엇일까?", "매일 화장실 변기로 내려가는 물의 양은 얼마나 될까?", "인간과 소, 누가 메탄가스를 더 많이 배출할까?", "100만까지 세려면 시간이 얼마나 걸릴까?" 등의 질문이 등장합니다.

저는 아이들에게 직접 다양한 질문을 생각해보게끔 했습니다. 아이를 한 명 키우는 데 드는 비용, 자전거를 타고 우리나라를 일주하는 데 걸리는 시간, 우리나라에는 수학학원과 영어학원 중 무엇이 더 많을까, 하루 동안 인터넷에 달리는 댓글의 수는 몇 개일까, 사막에는 바늘이 몇 개 있을까 등에 대한 질문이 나왔습니다. 모두 이야기해보고 싶었지만,

한 가지만 정해서 답을 찾아보기로 합니다. 가장 많은 선택을 받은 질문은 "대한민국에서 2020년에 치킨이 되는 닭은 몇 마리인가?"였습니다.

아이들은 20분 정도 검색하며 자신들의 사고 과정에 따른 답을 찾아냈고, 돌아가며 1분씩 발표하는 시간을 가졌습니다. 비슷하면서도 다양한 답들이 나왔습니다. 치킨을 먼저 정의하고 시작한 학생, 수치들을 구해서 평균을 이용한 학생, 2020년이라는 특수한 상황(코로나)을 고려한 학생도 있었습니다. 발표 중 '4명이 한 가구'라는 부분에서 가족을 구성하는 수로서 4명이 과연 일반적인 경우인가에 대해 자연스럽게 토론이 시작되기도 했습니다.

페르미 추정에 대해 알고 있었더라도 그와 관련된 책을 접해보지 않았다면 그저 짧게 이야기하고 지나갔을지도 모릅니다. 그런데 한 권의 책을 접하면서 그 중요성에 대해 인식하게 되고, 학생들과 본격적으로 이야기해보고 싶었던 것입니다.

'해보았던 경험'은 중요합니다. 아이들이 이렇게 스스로 생각하고 추론해보았던 경험은 나중에 대학교 면접시험이나 회사 면접시험 등에서도 자신의 사고과정을 더 논리적으로 설명할 수 있는 기반이 될 것입니다.

학생들과 수업이 즐거웠던 날은 퇴근하는 발걸음도 가볍습니다. 퇴근하려는데 마침 비가 내렸지요. 평소 비 오는 날씨를 좋아해서인지 한층 더 반갑습니다. 라디오에서 흘러나오는 노래를 들으면서도 머릿속으로는 오늘의 수업에 대한 생각이 이어집니다. 차 앞유리에 떨어지는 비를 보면서 1분간 유리창에 떨어지는 빗방울의 개수는 몇 개일지 생각해봅니다. 다음에는 1학년 주제 선택 시간에 한 학기 동안 페르미 추정과 관련된 수업을 진행해봐야겠습니다.

수학 영재교육기관,
그것이 알고 싶다

　몇 년 전부터 수학 영재교육기관이 늘어났습니다. '우리 주변에 이렇게 영재가 많아?' 싶을 정도입니다. 영재교육기관은 크게 세 가지로 나눌 수 있습니다.

　먼저 학교 단위의 영재학급이 있습니다. 일반적으로 교육지원청의 허가와 지원을 받아 운영합니다. 하지만 모든 학교에서 모든 영역의 교과에 대해 운영되는 것은 아닙니다. 학교별로 운영하는 방식에도 조금씩 차이가 있습니다.

　두 번째는 교육 지원청 부설 영재교육원입니다. 특수 분야의 재능 계발을 위한 심화과정 운영이 이루어집니다. 운영의 주체는 각 교육 지원청에서 운영하는 영재교육원입니다. 각 지자체별로 약간씩 운영되는 과정이 다릅니다. 보통은 초등학교 5, 6학년을 대상으로 수학, 과학, 영어, 발명, 정보 등의 수업이 존재합니다. 중학교의 경우는 1, 2학년을 대상으로 하며 수학, 과학, 영어 등의 수업이 있습니다.

세 번째는 대학 부설 및 유관 기관의 영재교육원입니다. 인근 대학에서도 운영하는데, 영재교육의 영역이 다양하다는 것이 장점입니다.

상급학교에 진학할 때 영재원이나 영재학급이 직접적인 도움이 되지는 않습니다. 초등 고학년 학생이 영재원에 입학했다는 소식을 주변에서 들으면 '굳이 해야 하나, 학교 공부에 충실해도 될 텐데.'라는 생각도 들곤 했습니다. 하지만 그런 생각에 변화를 가져온 계기가 있었습니다.

작년에 인근 대학교 교수님의 제안으로 대학교 부설 영재원의 초등학생들을 대상으로 수업을 한 적이 있습니다. 코로나의 영향으로 수업 영상을 사이트에 올려서 진행하게 되었기에, 다른 선생님들이 어떤 내용의 수업을 하는지도 볼 수 있었습니다. 생각보다 다양한 수업들이 올라왔고, 체험활동에서 '체험'으로만 끝날 수 있는 내용을 수학적으로 깊이 분석해볼 수 있는 기회가 된다는 생각도 들었습니다. 아이들이 다양한 수학을 만날 수 있겠다 싶었지요.

이때 제가 맡았던 주제는 '마방진'이었습니다. 연수를 다니면서 마방진 관련 내용을 들은 적이 있어서 준비했습니다. 냄비받침과 열쇠고리를 만든 경험을 이용해서 학생들과 해보면 좋을 것 같았습니다.

수업 준비를 위해 학교 도서관에서 마방진 관련 내용이 들어 있는 수학책을 모두 빌렸습니다. 저 역시 마방진이 어떤 것이다, 라는 정도만 알

앗지, 홀수 차 마방진을 구하는 방법과 짝수 차 마방진을 구하는 방법은 처음 알았습니다. 수업을 준비하는 것 자체가 재미있었습니다. 역사 속에서 만날 수 있는 마방진을 보면서 기록의 중요성 또한 느꼈습니다. 그 강의에 대한 평가도 좋았습니다. 다음 해에도 같은 주제로 수업을 해달라는 부탁을 받았지만, 아쉽게도 휴직 중이어서 이루어지지는 못했습니다.

제가 근무하는 학교에도 '영재학급(수학, 과학)'이 개설되어 있습니다. 수학 수업이 1년에 20차시 진행되었습니다. 저는 평소에 아이들과 함께 나누고 싶었지만 진도 때문에 다루지 못했던 내용들로 구성하여 진행했습니다. 준비과정은 힘들었지만 수업 시간은 즐거웠고, 학생들이 집중해서 문제를 해결하고 함께 의견을 나누는 모습도 보기 좋았습니다.

가장 효과적이라고 생각했던 점은 모둠별로 주제를 정해서 프로젝트를 진행한 것이었습니다. 저는 '텐세그리티(Tensegrity)'라는 주제를 맡았습니다. 텐세그리티란 장력을 이용해 만들어진 안정된 구조체로, 강한 강도와 유연성을 모두 얻을 수 있어 건축물에 주로 사용되는 것을 말합니다.

준비물을 구입하고, 중간중간 확인하는 것으로 충분했습니다. 처음에는 저도 프로젝트 방향을 설정해줘야 하지 않을까 생각했지만, 그렇지 않았습니다. 아이들이 처음에는 작은 것부터 시작해서 복잡한 것까지 스스로 만들어나가는 과정을 지켜봤습니다. 영재학급에서 아이들이 얻게 되는 가장 큰 수확은 성공하면 왜 성공했는지, 실패하면 왜 실패했는지 모둠원들과 이야기하면서 자율적으로 방향을 찾아가는 과정이라는 생각이 들었습니다.

제가 고등학교에 입학하던 해에 그 학교에도 영재학급이 신설되었습니다. 무슨 기준으로 뽑았는지는 정확히 기억나지 않지만, 저도 면접을 보아서 합격하게 되었습니다. 한 학년에 20명 정도 뽑았고 학기마다 성적에 따라 등수별로 자르기도 했는데, 저는 계속 머무를 수 있었습니다. 그런데 지나고 보니 그것이 저에게 독이 되었습니다.

물론 당시에는 영재학급에 들어가게 된 것이 좋았습니다. 야간 자율학습 시간에 자기 반에서 공부하지 않고 영재학급에서 따로 수학 수업이나 영어 수업을 들었던 기억도 납니다. 하지만 수업 시간에 배운 내용을 완벽히 익히지 못한 채로 새로운 것을 배우니, 제 안에 남기는커녕 오히려 뇌에 버퍼링이 걸렸습니다. 그리고 점점 자신감이 떨어졌습니다.

당시 친구들 중에는 영재학급에 있을 성적인데도 자신과 맞지 않는다는 이유로 하지 않는 친구도 있었습니다. 자신의 학습 스타일을 분명히 인지하고 현명한 선택을 한 것이지요. 그런데 저는 당시에 맞지 않는다는 걸 알면서도 나오지 못했습니다. 다른 사람들의 눈을 의식했던 것입니다. 영재학급에서 벗어나게 되었다는 눈길을 받고 싶지 않았던 거지요. 그래서 꾸역꾸역 버텼지만, 무엇을 얻었는지는 의문입니다.

물론 우리 아이가 '영재원'에 합격하는 건 자랑스럽고 기쁜 일입니다. 그곳에서 다양한 경험을 해볼 수 있고, 여러 프로젝트를 하면서 자극도 받고 공부에 대한 자신감을 기를 수도 있습니다. 또 수학의 다른 맛을 느낄 수 있고, 학교 수업에서 배우는 수학이 전부가 아니라는 것도 알 수 있으며, 친구들과 열린 대화를 해볼 기회가 된다는 점에서 좋습니다.

하지만 아이가 받아들일 준비가 되었는지 그렇지 않은지에 따라 결정해야 합니다. 또 학교 교과와 직접적인 연관성을 가지는 것이 아니기 때문에 아이가 어떤 성향인지도 살펴봐야 합니다. 아이의 스타일에 따라 영재원의 수업을 추가로 듣는 것이 도움이 되지 않을 수도 있습니다. 어떤 프로그램이 좋은지도 생각해야 하지만, 아이가 편하게 받을 수 있을 만한 장소인지, 아이의 수준에서 크게 벗어나지 않는지 등도 고려해야 합니다. 오히려 혼자서 책을 읽으면서 심층적으로 고민한다면 그 아이는 나중에 더욱 영재성이 발휘될지도 모를 일입니다. 역시나 판단의 기준은 '우리 아이'입니다.

심화문제집에서 아이를 구출하라

미취학 아동들에게 '사고력수학'이 유행한다면, 초등학생들에게 는 '심화문제집'이 유행입니다.

심화문제란 무엇을 의미하는 걸까요? 심화문제집에 나와 있는 문제 가 심화문제일까요?

아닙니다. 우리 아이가 어려워하는 문제가 바로 심화문제입니다. 교과 서에 나오는 쉬운 문제라도 우리 아이가 풀지 못한다면 그 문제가 우리 아이에게는 심화문제입니다. 아이가 그 문제를 어려워한다면 해당 개념 을 이해하지 못했거나, 개념을 응용하는 게 어렵다는 의미겠지요. 그럴 때는 쉽게 답지를 보지 않고 스스로 생각해볼 수 있도록 옆에 가만히 앉 아서 지켜봐주면 됩니다.

학교에는 수학을 힘들어하는 친구도 있지만, 잘하는 친구들도 있습니다. 그런데 왜 우리 아이는 잘하는 아이들처럼 못하는 걸까 하는 생각도 들겠지만, 드러내지는 않는 것이 좋습니다. 저도 제 아이를 보며 속으로 그런 생각이 들지만, 육아의 제1원칙을 '비교 금지'로 정하고 입 밖으로는 내지 않으려고 노력합니다.

한편 수학적으로 뛰어난 아이들은 이른바 '심화문제'를 해결하면서 즐거움을 느낄 수도 있습니다. 어려운 퍼즐을 풀고 나서 느끼는 쾌감 같은 것 말이지요. 하지만 누군가 풀라고 해서 어려운 심화문제를 풀면 대부분의 아이들은 무엇을 느낄까요? 좌절감이 아닐까요? 풀이과정을 생각해 답을 내는 것도 어려운데, 그 답이 틀리면 속상할 수밖에 없습니다. 그리고 그런 실패의 경험들이 모여서 "이래서 수학이 어렵다고 하는구나. 아, 나는 해도 안 되겠어."라는 생각이 들기 마련입니다. 그러므로 아이에게 심화문제집을 풀게 하는 시간을 살짝 늦추기를 권합니다. 만일 여유 시간이 있다면 독서를 더 많이 하도록 추천합니다.

물론 아이가 원한다면 초등학교 고학년부터는 심화문제집을 풀어보는 것도 도움이 됩니다. 우리 아이가 어려운 문제를 보면 끝까지 붙잡고 늘어지는 스타일인지, 아니면 조금 어렵다 싶으면 아예 시도조차 하지 않는지도 파악할 수 있습니다. 즉 이때 심화문제집을 풀게 하는 것은 아이의 특성을 알고, 관심을 보이면 계속 풀어볼 수 있게 해주기 위한 것이지, 심화문제집을 잘 풀지 못한다고 해서 학원에 등록하거나 과외를 시키기 위한 것이 아닙니다.

학원에서 가르쳐주는 대로 배워서 푸는 수학에는 한계가 있습니다. 그렇게 푼 문제가 무슨 의미가 있을까요. 심화문제집은 생각하는 힘을 기르게 하는 수단이지, 그 문제를 풀어내는 게 목표가 아닙니다. 초등학교 고학년 때 푸는 심화문제집이 나중의 수학 성적을 보장해주지는 않습니다. 스스로 고민하는 시간만이 자신의 실력이 됩니다.

중학교 1학년 때는 시험을 치지 않으니 상대적으로 부담이 적습니다. 간혹 '자유학년제'에 대한 불만을 느끼는 부모님들의 이야기도 들었습니다. "아이들이 시험을 치지 않으니 공부를 안 한다, 우리 아이가 어느 정도인지 파악할 방법이 없다."라는 이유로 말입니다. 하지만 성적이 나오는 평가를 하지 않기에 오히려 제대로 된 학습법을 익힐 수도 있습니다. 실패를 해볼 수 있는 기회가 되기 때문입니다.

중학교 2학년은 보통 수학 수업이 주당 네 시간 정도입니다. 즉 등교하는 5일 중에 4일은 수학 수업을 한다는 뜻입니다. 즉 수학에서 배우는 양이 많고, 그만큼 학생들이 공부를 많이 해야 한다는 의미이기도 합니다. 그러므로 이때 심화문제는 약이 될 수도 있고, 독이 될 수도 있습니다.

기준을 정해보겠습니다. 현 단계에서 만약 다음 학년의 수학을 미리 공부하고 있는 학생이라면, 다음 학년 수학을 선행학습하는 것보다는 해당 학년의 심화문제를 푸는 것을 추천합니다. 문제집에서도 높은 단계의 어려운 문제들을 건너뛰지 않고 풀게 하는 것입니다. 물론 답지를 보지 않고 충분히 스스로 고민하면서 풀어야 합니다. 빨리 푼 열 문제보다 제대로 푼 한 문제가 더 도움이 되니까요. 특히 중학생 시기는 '깊게 공부하는 힘'을 기르는 것이 중요합니다.

한편 수학을 어려워하는 아이라면 답은 '교과서'입니다. 교과서에서 설명하는 개념을 아이가 직접 설명하게 하는 것부터 시작해야 합니다. 그런 다음에는 교과서에 나와 있는 문제를 정확하게 풀어내는 것이 목표입니다. 한 번 풀었다고 해서 일주일 뒤에 그 문제를 풀었을 때 또 맞을 거라는 보장은 없습니다. 그래서 수학노트에 문제를 풀고 채점하고, 시험 치기 일주일 전쯤에 교과서에 바로 푸는 것이 좋습니다. 몇 번을 반복해서 풀면서, 못 풀던 문제를 비로소 풀게 되는 기쁨을 맛봐야 합니다.

반면 개념을 설명할 수 있고 교과서에 있는 문제를 모두 풀 수 있다면 '문제집 한 권 풀기'를 추천합니다. 굳이 한 권이라고 쓴 이유는 두세 권의 문제집을 풀다 보면 한 문제집에도 집중할 수 없기 때문입니다. 한 문제집을 전부 풀고, 틀린 문제를 고민하면서 다시 풀기를 추천합니다. 역시 어려워도 답지를 보지 않고 고민하면서 푸는 것이 중요합니다. 시험에 임박해서는 어쩔 수 없이 답지를 참고하더라도 평상시에는 답지를 멀리하는 게 좋습니다. 답지를 보고 이해하는 능력을 기르는 것이 아니라, 문제를 해결하는 힘을 기르는 것이 목적이니까요.

이렇게 한 문제집을 거듭해서 다 끝냈다면, 드디어 '심화문제집 한 권 풀기'를 추천합니다. 보통 한 권의 문제집 안에는 '상, 중, 하' 수준의 문제들이 골고루 섞여 있습니다. 그 문제집의 '상' 수준의 문제들을 풀었다면 이제는 심화문제를 접할 준비가 되었을 것입니다. 이런 식으로 한 학년의 수학을 마무리하는 것이 좋습니다.

이런 방법으로 공부하는 습관이 중학교 때 자리 잡으면, 고등학교에 가서도 무서울 게 없습니다. 양이 많아진다 하더라도 깊이 공부할 수 있는 힘이 있기 때문에, 얼마든지 스스로 해나갈 수 있습니다. 물론 학생들마다 부족한 부분은 다르기 때문에 그런 부분은 학원이나 인터넷 강의의 도움을 받을 수도 있겠지요.

수학 개념의 재구성, 수학의 힘이 커진다

6

『색다른 학교 수학』은 학교 선생님들이 '수학 수업'에 대한 사고를 전환시켜 실제 수업에 적용해본 사례를 모은 책입니다. 수학은 구성적인 활동이라는 전제하에 학생들이 수학적인 대상, 관계, 질문, 문제, 그리고 의미를 직접 구성할 때 수학을 가장 잘 배울 수 있다는 입장으로, 직접 예를 만들어보면서 수학을 경험하게 하는 것입니다. 제가 지향하는 교실의 모습과도 비슷합니다.

저도 이 책을 읽고 문제를 만드는 방식을 바꾸어보았습니다. 항상 어떤 예제를 주고 학생에게 풀어보게 했다면, 학생이 직접 문제를 만들거나 주어진 조건을 변형해보도록 바꾼 것입니다. 수학 문제에서는 조건만 살짝 달라져도 문제의 난이도가 엄청나게 차이가 납니다. 다음은 '예'를 직접 만드는 것의 중요성을 느끼고 달라진 문제입니다.

[문제] 다음 조건을 만족하는 합동인 두 직각삼각형(△ABC≡△ DEF)을 그리시오.

조건 (1) : 두 직각삼각형은 빗변의 길이와 한 예각의 크기가 각각 같을 때 서로 합동이다.

조건 (2) : 두 직각삼각형은 빗변의 길이와 다른 한 변의 길이 가 각각 같을 때 서로 합동이다.

실제로 그림을 그려보면서 도형을 공부한 친구들에게는 쉬운 문제입니다. 하지만 채점을 하다 보니 문제에 '합동인 두 직각삼각형'이라고 적혀 있는데도 삼각형을 하나만 그린 학생들이 생각보다 많아서 놀랐습니다. 합동의 의미를 정확히 알지 못했던 것이지요.

다음에는 그림이 주어진 상태에서 각을 찾는 것에만 익숙한 학생들에게 역으로 그림을 그려보게 했습니다.

[문제] 이등변삼각형 ABC 에서 ∠B의 외각의 크기가 130°이고, ∠B가 꼭지각일 때를 아래 [조건]에 맞추어서 그림으로 나타

내시오.

[조건] 1. 이등변삼각형의 길이가 같은 두 변을 기호를 사용해서 도형에 표시한다.

2. 세 내각의 크기를 모두 정확하게 숫자로 쓴다.

3. 기호가 정확하게 나타나야 한다.

모든 개념들에 대해 만족하는 예를 찾고, 또 찾는 식으로 진행하는 것이 바람직한 수학 공부 방법이라는 생각이 들지만, 시간적인 제약은 어쩔 수 없습니다. 그래서 부분적으로밖에 적용할 수 없었지만 학생들이 공부할 때는 충분히 적용하기 좋은 방법이란 생각이 듭니다. 실제 수학과 관련된 정리 하나를 두고 예(정리를 만족하는 예)와 반례(정리를 만족하지 않는 예)를 찾아보는 것은 수학자들이 하는 과정과도 유사합니다. 반례가 찾아지면 어떤 조건 때문에 만족하지 않는지, 조건을 어떻게 변형시켰을 때 만족하는지를 계속 생각해보는 것입니다.

부등식의 성질을 배우고 나서도 직접 예를 만들어볼 수 있어야 합니다. 예를 들어 $a \leq b$라는 조건이 주어진다면 이 식을 이용해서 부등식의 조건을 만족시키도록 예를 만들어보는 것입니다. 처음에는 $3a \leq 3b$, $5a \leq 5b$처럼 간단한 것부터 시작합니다. "또 다른 예는?" 하고 물으면 조금씩 달라집니다. $3a+4 \leq 3b+4$, $3a-2 \leq 3b-2$와 같은 식들이 나오겠지요.

그런데 다시 "또 다른 예는?" 하고 물으면 학생들은 이제 부등식의 성질을 살펴볼 겁니다. 그러면 그동안 사용하지 않았던 것이 눈에 띕니다. 이제 $-3a \geq -3b$, $-3a+4 \geq -3b+4$와 같은 것까지도 만들어낼 수 있습니다. 이렇게 직접 예를 만들면서 하나의 과정을 완벽히 이해하는 것이 중요합니다.

몇 번의 해외여행 경험이 있지만, 저는 여행에 대해 설렘보다 귀찮음을 더 크게 느끼는 편입니다. 그래서 유럽 여행을 다녀온 뒤 책이나 방송에서 내가 방문했던 여행지를 만나도 별다른 감흥이 없습니다. 내가 그곳에 다녀온 사실은 기억나지만 여전히 낯설기도 합니다. 그런데 아이가 다섯 살이 되던 여름에 2주간 호주 여행을 한 적이 있습니다. 이번에는 아이와 함께 움직여야 했기에 비행기, 숙소, 코스를 전부 직접 짜고 자유여행을 했습니다. 여러 가지 추억과 사건이 있었고, 캥거루를 보러 간 동물원에서는 그 이후 일정을 전부 취소하고 그곳에서만 하루를 보내기도 했습니다. 그래서인지, 호주와 관련된 책을 읽다가 캥거루를 만나면 무척이나 반갑습니다. 우리가 만났던 '꿀럭이(아들이 하루 종일 먹이를 주고 옆에서 지켜보던 캥거루에게 지어준 이름)'는 아니지만, 어느 캥거루를 보아도 꿀럭이가 떠오릅니다.

이것이 바로 누가 시켜서 하는 공부와 스스로 하는 공부의 차이입니다. 수학도 혼자 책과 씨름 한판 하고, 문제 하나 붙들고 밀당을 해야 합니다. 그렇게 시간이 지나면 미운 정, 고운 정이 듭니다. 그러다가 "수학도 해볼 만한데?"라는 마음이 들어야 합니다. 누가 "넌 충분히 할 수 있어."라고 백 번 말해주는 것보다 스스로 공부를 하다가 느끼는 그 한 번의 깨달음이 훨씬 큰 힘을 발휘합니다.

수학 공식,
'이해'로 출발하여 '암기'로 끝낸다

수학문제를 풀 때, 그저 공식을 외워서 풀려는 학생들이 많습니다. 문제집을 보아도 여러 가지 문제 유형을 제시하고, 그에 맞는 풀이방법을 알려줍니다. 마치 그것만 외우면 모든 문제를 풀 수 있을 것 같습니다. 하지만 실제 문제를 풀 때, 그 문제에 맞는 방법이 떠오르지 않으면 소용이 없습니다. 『당신의 아이가 수학을 못하는 진짜 이유』에서는 교사들이 수요자들의 욕구에 맞추어서 '내비게이션형 수업'을 하고 있다고 말합니다. 우리가 내비게이션에 어떠한 장소를 찍으면 어디로 가는지 크게 생각하지 않아도 그 장소에 갈 수 있다는 의미로 표현한 것이죠.

내비게이션 없이 어떤 장소를 가는 경우를 생각해보겠습니다. 처음에는 길을 잃고 헤맬 수도 있습니다. 더 빠른 길을 두고 돌아갈 수도 있습니다. 하지만 두세 번 시행착오를 거치면 그다음부터는 시간이 꽤 흐른 뒤에 가더라도 쉽게 그 장소를 찾아갈 수 있습니다. 처음에 스스로 생각해서 찾아갔기 때문입니다.

이와 마찬가지로 공식을 외울 때는 '왜 그 공식이 나왔는지'를 스스로 생각할 수 있어야 합니다. 이것은 공식을 받아들이는 자세에 대한 이야기입니다. 물론 시험을 치기 전에 그 공식을 외워두었다면 빠른 속도로 정확하게 풀어낼 수 있는 것이 당연합니다. 그런데 고등학생이 되어서 중학교 때 공식을 바로 떠올리기는 힘듭니다. 하지만 유도해내는 방법을 알고 있다면 공식을 직접 유도할 수 있습니다.

그런 의미에서 수학을 그저 '공식'으로만 받아들이지 않았으면 좋겠습니다. 모든 공식은 몇 개의 수와 기호로 단순하게 적혀 있지만, 그 공식에 의미를 부여하면 좋겠습니다. 역사적 흐름만 알아도 흥미가 생깁니다.

중학생 때 배우는 내용 중에 가장 기억에 남는 것이 뭘까 생각해보면, 아마 '피타고라스의 정리'가 3위 안에 들 것 같습니다. 이전 교육과정에서는 중학교 3학년 때 피타고라스의 정리를 배우고 증명까지 다루었는데, 2015 개정 교육과정에서는 중학교 2학년에서 닮음을 배운 다음에 응용 개념으로 배웁니다. 피타고라스의 정리는 증명 방법이 다양한 것으로도 유명한데, 학생들이 배운 개념만 가지고 할 수 있는 증명은 그다지 많지 않아 아쉬웠습니다.

사실 기원전에 만들어진 피타고라스의 정리를 지금 배우면서 우리가 살아가는 시대와 연관시키기는 쉽지 않습니다. 그래서 수학사적인 이야기를 해주면 좋을 것 같다는 생각이 들었습니다. '피타고라스 송'을 들으면서 공식을 익히고, 문제풀이까지 끝난 뒤였지만 말입니다.

피타고라스 학파는 '만물은 모두 수'라는 신념을 갖고 있었는데, 여기서의 수는 '정수'입니다. '유리수'라고 적힌 책들도 있는데, 어차피 유리수는 정수로 만들어진 것이니 같은 맥락이지요. 피타고라스의 제자 히파수스는 한 변의 길이가 1인 정사각형의 대각선의 길이를 생각하다가 '무리수'의 존재를 발견하게 됩니다. 그런데 이 비밀이 누설될까 두려웠던 피타고라스 학파 사람들에게 살해를 당합니다. 이런 이야기를 통해 저는 자연스럽게 지금까지 우리가 다루어온 수는 '유리수'이며, 중학교 3학년이 되면 '무리수'라는 것을 배우게 되고 우리가 알고 있는 수 체계가 '실수'의 범위로 확장된다는 것을 알려줍니다.

다음은 수학자 '피에르 페르마'를 소개합니다. 기원전 사람들의 이야기에서 1600년대로 건너뛰는 겁니다. 페르마의 직업은 변호사였지만 취미가 수학이었습니다. 디오판토스의 『산술』은 페르마에게 바이블과 같은 존재였는데, 그는 이 책에서 피타고라스의 정리를 보게 됩니다.

피타고라스의 정리 $x^2+y^2=z^2$을 만족하는 수 (x, y, z)를 피타고라스 수라고 합니다. 이런 수에는 (3, 4, 5), (5, 12, 13), (8, 15, 17) 등이 있는데, 이것을 보고 페르마는 $x^3+y^3=z^3$을 만족하는 정수 x, y, z 또는 $x^4+y^4=z^4$을 만족하는 정수 x, y, z는 없을까 하는 의문을 가지게 되었습니다. 그래서 다양한 방법으로 실험해보다가 '하나의 세제곱수를 두 개의 세제곱의 합으로 나타낼 수 없으며, 하나의 네제곱수를 두 개의 네제곱수의 합으로 나타내는 것 역시 불가능하다'는 사실을 알게 됩니다. 여기서 유명한 일화가 나오지요. 실제로 증명을 했는지 여부는 알 수 없지만 그는 "나는 경이로운 증명을 했다. 다만 책의 여백이 너무 좁아 증명은 남기지 않겠다."라고 적은 것입니다. 이 사실은 1665년 페르마가 세상을 떠나고, 그의 아들이 아버지가 남긴 기록들을 모은 『디오판토스』라는 유고집을 출판하면서 세상에 알려집니다. 이후 페르마가 남긴 나머지 문제들은 19세기 초까지 모두 해결되었지만, 오직 이 문제만 미해결 과제로 남아 있어서 '페르마의 마지막 정리'라는 이름이 붙게 되었습니다.

이 정리를 요약하면 '2보다 큰 정수 n에 대해서 $x^n+y^n=z^n$을 만족하는 자연수 x, y, z는 존재하지 않는다.'입니다. '2보다 큰'이라는 조건이 붙은 이유는 $n=2$인 경우가 바로 피타고라스의 정리이기 때문이지요.

기원전에 만들어진 '피타고라스의 정리'는 1600년대의 페르마에 의해 '페르마의 마지막 정리'로 연결됩니다. 1953년에 태어난 앤드루 와일즈는 이 문제를 열 살 때 책에서 보게 됩니다. 그는 옥스퍼드 대학교 교수로 재직하면서 7년 동안 연구에 몰두하여 1993년 5월에 '페르마의 마지막 정리'의 증명을 완성합니다. 이때 몇 가지 증명의 오류가 발견되었지만 그는 1년간 더 연구한 끝에 1994년 9월 19일에 최종적으로 증명을 완성합니다. 앤드루 와일즈가 8년에 걸쳐 연구한 끝에, 350년 만에 드디어 증명된 것입니다.

역사적인 이야기를 들려주는 이유는 세 가지입니다. 첫째는 피타고라스의 정리를 보면서 대부분 '아, 이런 성질이 있구나!' 하고 넘기지만, 그렇지 않은 사람도 있다는 것을 보여주고 싶기 때문입니다. 둘째는 수학에 있어서는 답을 찾는 것만큼이나 중요한 것이 바로 질문을 던지는 일이라는 것을 알려주고 싶기 때문입니다. 하나의 공식을 보면서 "만약 여기서 양수가 아니라 음수면 가능할까?", "2일 때 성립한다고 되어 있는데, 3이면 안 되는 건가?" 하고 질문을 던져보는 것이 중요합니다. 그리고 그 질문의 답을 찾으려고 노력하다 보면 성립하는 경우가 특별한 경우라는 것을 알게 되고, 그래서 공식으로 만들어졌음을 느낄 수 있습니다.

마지막으로는 '포기하지 않는 모습'을 알려주고 싶기 때문입니다. 앤드루 와일즈는 다른 사람들에게 자신이 이 연구를 한다는 사실도 알리지 않고, 7년 동안 끊임없이 매달렸습니다. 그러다가 증명을 발표했고, 뉴스와 신문에서는 드디어 페르마의 마지막 정리를 증명한 교수가 나타났다고 들썩였습니다. 그런데 그 증명이 맞는지 검토하는 과정에서 오류가 발견되었으니 얼마나 상심했을까요. 그렇지만 앤드루 와일즈는 포기하지 않았습니다. 그로부터 다시 꼬박 1년을 더 투자하여 결국 최종 증명까지 완성해낸 것입니다.

이렇게 하나의 문제를 해결하기 위해서 몇 년씩 시간을 투자하는 수학자들의 모습을 보면서 우리 아이들도 '작은 수학자'의 모습으로, 포기하지 않고 한 문제라도 정확하고 깊게 해결하기를 바랍니다. 그리고 이렇게 깊이 이해한 뒤에 암기한다면, 그 공식은 정말로 자기의 것으로 익혔다고 할 수 있을 것입니다. 공식이라고 해서 무조건 암기한다면 아무것도 해결되지 않습니다.

익숙함에 새로움을 더하다
– 기호, 개념, 공식, 내용

8

중학교 2학년 겨울방학 때, 3학년이 되면 배우는 제곱근에 대해 미리 공부했던 적이 있습니다. 마치 외계어를 보는 듯했던 그때의 느낌이 아직도 생각납니다. 제곱근이라는 개념이 왜 만들어졌고, 루트($\sqrt{}$) 기호는 어떻게 만들어졌는지 알고 있었다면 그 낯선 느낌이 조금 덜했을지도 모릅니다. 학원에서 첫 수업 시간에 갑자기 루트가 등장하더니 그것을 계산하고 밖으로 끄집어냈다가 안으로 넣었다가 하는 규칙을 가르쳐줬습니다. 하지만 이해할 수가 없었습니다. '2의 제곱근'과 '제곱근 2'에 대해 배우면서는 이런 말장난이 어디 있냐며, 이걸 왜 외우라는 것인지 모르겠다는 생각이 들었습니다. 당시에는 왜 해야 하는지도 모르면서 하라고 하니 그저 계산만 했던 것이죠.

다행히도 그때는 공부를 잘하고 싶다는 생각이 제곱근을 거부하는 마음을 이겨서, 반복해서 문제를 풀고 또 풀었습니다. 학원에서 문제를 풀면 틀리고, 틀린 걸 다시 복습하고, 시험을 치는 과정이 이어졌습니다. 그렇게 기계식으로 연습했지만 제곱근에 대해서 제대로 이해한 것은 대학생이 되어서입니다. 사범대학을 다녔기에 인근 중학교와 협약을 맺어 멘토링 수업을 해주는 기회가 있었습니다. 그때 중학교 3학년 학생에게 제곱근을 가르치게 되었던 것입니다.

당시에는 '아, 또 이 부분이야!'라는 생각이 들기도 했지만, 이번에는 문제만 푼다고 해결될 게 아니었습니다. 멘토로서 학생에게 왜 그렇게 되는지 설명을 해야 했으니까요. 그러기 위해서는 저부터 완벽하게 이해해야 했습니다. 그래서 다시금 개념을 정리하고 반복해서 연습하다 보니 제곱근이 예전과는 다르게 다가왔습니다. 물론 나이가 들면서 이해하는 능력이 향상되어 그런 것도 있겠지만, 공부 방법이 달라졌던 것도 이유일 것입니다.

저도 중학교 3학년 때는 문제를 풀기 위해서 개념을 적용하는 연습만 했습니다. 이해를 하려는 노력도 하지 않고, 그 개념과 관련된 정리를 앵무새처럼 외우기만 했던 것입니다. 천천히 시간을 가지고 고민하며 이해하려는 노력은 눈에 보이는 결과가 없으니 비효율적이라고 생각했습니다. '가성비'를 따지려다가 중요한 것을 놓쳐버린 꼴입니다.

그런데 직접 가르치는 입장이 되니 이제는 '문제를 풀기 위한 것'이 아니라 '다른 사람을 이해시키는 것'이 중요해졌습니다. 자연스레 개념에 대해서 생각하고 설명할 방식을 찾다보니 관련 정리까지도 이해가 되었습니다.

'내가 중학교 3학년 때 이런 방식으로 공부했으면 얼마나 좋았을까?'하고 생각합니다. '문제를 풀기 위한 개념공부'가 아니라 '다른 사람에게 설명하는 개념공부'가 되었다면 제 공부 방법에도 변화가 생기지 않았을까요? 저 스스로 어렸을 때부터 '개념 위주의 학습'을 해서 성공적인 결과를 얻었다면 이런 깨달음은 없었을 겁니다. 하지만 학생 시절 잘못된 공부 방법으로 공부했던 저는 어떤 한계점이 있었는지 직접 경험하며 분명히 깨달았습니다. 그렇기에 학생들이 저와 같은 시행착오를 거치지 않기를 간절히 바랍니다.

지금 이 글을 읽으시는 부모님들은 'a의 제곱근'과 '제곱근 a'의 차이에 대해서 기억할 수 있나요? 기억나지 않거나, 잘 모르는 분이 많을 겁니다. 당연한 일입니다. 그래서 다시 한번 여기에 정리해보겠습니다.

어떤 수 x를 제곱해서 a가 될 때, 즉 $x^2=a$일 때, x를 a의 제곱근이라고 한다. 양수 a의 두 제곱근 중 양수인 것을 양의 제곱근, 음수인 것을 음의 제곱근이라 하고, 기호 $\sqrt{}$를 사용하여 a의 양의 제곱근을 $\sqrt{a}$, a의 음의 제곱근을 $-\sqrt{a}$와 같이 나타낸다. 따라서 제곱근 a는 a의 양의 제곱근($\sqrt{a}$)을 나타내고, a의 제곱근에는 양의 제곱근과 음의 제곱근이 있다.($\pm\sqrt{a}$)

이제 조금 기억이 나시나요? 그런데 제곱근을 배우고 나면 더 큰 산이 기다리고 있습니다. 분명 루트 안에 들어가는 수와 루트를 씌운 수는 양수라고 배웁니다. 교과서에 나와 있는 내용입니다.

$a>0$일 때, $(\sqrt{a})^2=a$, $(-\sqrt{a})^2=a$, $\sqrt{(-a)^2}=a$

이를 이용해서 문제집에서는 $a<0$인 경우도 소개되어 있습니다.

$a<0$일 때, $(\sqrt{a})^2=-a$, $\sqrt{(-a)^2}=-a$

여기서 학생들이 당황합니다. 양수가 나와야 하는데 $-a$라는 결과가 적혀 있기 때문이지요.

우리는 '수'를 주로 생각하기 때문에 마이너스($-$) 기호가 붙으면 무조건 음수라고 생각하기 쉽습니다.

중학생이 되면 문자를 자주 사용하지만 그것은 기호일 뿐입니다. a가 음수이면 $-a$는 양수인 것이고, 문자로 적힌 것만 보고는 음수인지 양수인지 판단할 수 없습니다. 중학교 1학년 때 '좌표와 그래프' 단원에서 좌표평면에 대해 배울 때도 착각하기 쉽습니다.

교과서에서 다루는 문제 하나를 살펴보겠습니다. 점 $P(a, b)$가 제2사분면 위의 점일 때, $Q(-a, b)$는 몇 사분면 위의 점인지 묻는 문제입니다. 이때도 문자에 붙어 있는 기호에 따라 판단할 것이 아니라 조건에 의해

문자가 0보다 큰지 작은지를 따져야 합니다. $P(a, b)$가 제2사분면 위의 점이므로 $a<0$, $b>0$입니다. 그러면 부등식의 성질에 의해 $-a>0$, $b>0$이므로 $Q(-a, b)$의 x좌표와 y좌표가 모두 양수가 되어서 제1사분면 위의 점이 됩니다.

선행학습이 오답을 만든다

중학교 3학년에는 이차방정식의 해를 구하는 부분이 나옵니다. 근의 공식은 모든 이차방정식의 해를 구할 수 있는 일반적인 방법이지만, 이 방법만 있는 것은 아닙니다. 인수분해를 이용하거나, 대입해서 찾는 게 더 빠를 수도 있습니다. 하지만 학생들은 근의 공식을 배우고 나면 모든 문제에 이 공식을 사용하려는 경향이 있습니다.

예능 프로그램에서도 가끔 근의 공식을 묻는 퀴즈가 나오곤 합니다. $ax^2+bx+c=0(a \neq 0)$의 근의 공식은 $x=\dfrac{-b\pm\sqrt{b^2-4ac}}{2a}$ 입니다. 최종적인 목적은 외워서 대입하는 것이지만, 처음 몇 번은 꼭 공식을 유도해보는 연습을 할 필요가 있습니다. 혹시나 근의 공식을 잊어버렸더라도 유도하는 방식만 알면 바로 찾을 수 있기 때문입니다.

중학교 3학년 과정에서는 수의 범위를 실수로 한정하므로 근호 안의 b^2-4ac가 0보다 크거나 같은 경우에 대해서만 다룹니다. 그런데 간혹 고등학교 교육과정을 선행하여 공부한 학생들이 묻습니다. "선생님, 시험에서 답이 허수로 나오면 그대로 적어도 되나요?"라고 말입니다. 중학교 3학년 과정에서는 답이 실수가 되도록 문제를 출제합니다. 그런데 문제를 풀다가 실수를 해서 0보다 작은 숫자가 나왔을 때, 예습으로 복소수의 존재를 알고 있는 학생들이라면 오답을 쓰게 될 수도 있는 것입니다. 저는 물론 "시험은 우리가 배운 내용을 얼마나 이해했는지를 확인하는 것이기 때문에, 우리가 배운 범위 안에서 답해야 한다."라고 대답하지요.

　이차방정식의 '근의 공식'을 배운 뒤에 "일차방정식의 근의 공식은 뭐지?"라고 물으면 학생들은 "없다."고 대답합니다. 왜냐하면 배운 적이 없기 때문입니다. 하지만 일차방정식 $ax+b=0(a \neq 0)$의 근의 공식은 $x=-\dfrac{b}{a}$입니다. 너무 당연하고 단순하기에 따로 '근의 공식'이란 이름을 붙이지 않았을 뿐입니다. 하지만 '이차방정식의 근의 공식'이 모든 이차방정식의 해를 구하는 공식이라는 의미만 제대로 알았다면, 일차방정식의 근의 공식도 $x=-\dfrac{b}{a}$라고 대답할 수 있었을 겁니다.

　그렇다면 "삼차방정식의 근의 공식은 있을까?" 하는 의문이 들 수 있습니다. 삼차방정식의 근의 공식은 16세기에 타르탈리아가 발견했습니다. 그런데 카르다노가 이 내용을 책에 적었기에 '카르다노의 공식'이라고 불리기도 합니다. 그럼 사차방정식의 근의 공식은 있을까요? 그렇습니다. 카르다노의 제자 페라리가 발견했습니다. 하지만 삼차방정식과 사차 방정식의 근의 공식은 복잡해서 대학교에서 배우고, 고등학생 때는 공식이나 조립제법으로 간단하게 해를 구할 수 있는 것만 다룹니다.

그럼 오차방정식의 근의 공식은 어떨까요? 많은 수학자들이 오차방정식의 근의 공식을 찾으려고 노력했지만 실패했습니다. 그러다가 노르웨이의 수학자 아벨과 프랑스의 수학자 갈루아가 각자 오차 이상의 방정식에는 근의 공식이 존재하지 않는다는 사실을 증명하게 됩니다. 사고의 전환이 일어난 것이지요. 모두가 근의 공식을 찾으려고 할 때, 존재하지 않을 수도 있다는 생각을 한 것입니다. 학생들도 아벨과 갈루아에 대해 조금 더 찾아본다면 훨씬 더 깊이 있게 수학에 다가갈 수 있을 것 같습니다.

좌표를 사용하지 않고 주어진 그대로의 그림에 보조선이나 그 밖의 보조물을 만들어서 도형의 성질을 연구하는 것을 '논증기하'라고 합니다. 반면 데카르트가 만들어낸 좌표를 이용하여 도형의 성질을 다루는 것을 '해석기하'라고 합니다. 중학교 기하는 논증기하, 고등학교 기하는 해석기하로 접근합니다. 중학교와 고등학교에서 다른 도구를 사용해서 기하를 배운다고 생각하면 됩니다. 물론 고등학교 수학을 배우고 중학교 수학 문제를 풀면 쉽게 답을 찾을 수 있습니다. 그러니 선행학습을 하는 게 도움이 된다고 이야기할 수 있을까요?

만약 수학 과목을 미리 공부하는 선행학습이 하고 싶은 학생이 있다면, 그보다는 심화학습을 하는 것을 다시 한번 추천합니다. 앞에서도 이야기했듯이 우리가 수학 문제를 푸는 이유는 문제를 풀기 위해 고민하고 해법을 찾아내는 그 과정을 배우기 위한 것이기 때문입니다.

예를 들어 원을 대하는 관점을 비교해보겠습니다. 중학교 1학년에서는 원을 '평면 위의 한 점에서 일정한 거리에 있는 모든 점으로 이루어진 도형'이라고 정의합니다. 고등학교에서는 이 정의를 이용해서 '원의 방정식'을 구합니다. '중심이 점 (a, b)이고, 반지름이 r인 원의 방정식은 $(x-a)^2+(y-b)^2=r^2$'입니다. 중학교 문제를 풀면서 '고등학교 방식'을 적용하면 쉽게 해결되는 경우도 물론 있습니다. 하지만 중학교에서 배운 그 개념만 아는 상태에서 문제를 풀어야 사고력이 키워지는 것이지, 고등학교에서 배운 개념으로 문제를 풀고 나면 답을 맞혀서 기분은 좋겠지만 실제로는 아무런 능력도 키워지지 않은 것입니다. 이 방법으로는 한계가 있습니다.

고등학교에서 오래 근무하다 보면 중학교 수학을 가르치기 힘든 경우가 있습니다. 그 문제를 해결하는 쉬운 방법이 있지만, 중학생은 모릅니다. '그 개념'부터 가르치려니 선행학습이고, 그 외의 방법은 떠오르지 않는 경우입니다. 이와 비슷하게 중학교 선생님도 초등학교 수학을 가르치기가 어렵습니다. 문자를 사용해서 식을 세우면 바로 풀리는 문제라도 초등학생은 아직 그 방법을 모르니 다른 방법으로 가르쳐야 하는 것입니다.

한편 중학교 3학년 과정에서 배우는 수학의 심화학습은 고등학교 1

학년에서 배우는 내용이기도 합니다. 중학교 3학년 때는 곱셈공식을 배운 후에 다항식을 전개한 식을 거꾸로 생각해서 인수분해를 배웁니다. '인수분해 공식'은 아래와 같이 네 가지입니다.

(1) $a^2+2ab+b^2=(a+b)^2$, $a^2-2ab+b^2=(a-b)^2$

(2) $a^2-b^2=(a+b)(a-b)$

(3) $x^2+(a+b)x+ab=(x+a)(x+b)$

(4) $acx^2+(ad+bc)x+bd=(ax+b)(cx+d)$

고등학교 1학년 때는 중학교에서 배운 곱셈 공식을 이용해서 특별한 형태의 다항식의 곱셈을 하고, 다항식의 전개를 거꾸로 생각하면 '인수분해 공식'이 나옵니다. 유도되는 과정을 익힌 후에는 자동적으로 계산이 가능하도록 익히는 연습을 반드시 해야 합니다.

(1) $a^2+b^2+c^2+2ab+2bc+2ca=(a+b+c)^2$

(2) $a^3+3a^2b+3ab^2+b^3=(a+b)^3$, $a^3-3a^2b+3ab^2-b^3=(a-b)^3$

(3) $a^3+b^3=(a+b)(a^2-ab+b^2)$, $a^3-b^3=(a-b)(a^2+ab+b^2)$

여기에서 추가적으로 '조립제법'을 이용한 인수분해까지 배우는 것입니다.

또 중학교 2학년 때 배우는 '경우의 수' 부분은 고등학교 1학년에서 다시 '경우의 수'로 연결됩니다. 중학교 때 배운 내용에 고등학교에서는 '합의 법칙'과 '곱의 법칙'이라는 이름을 부여합니다. 또한 고등학교에서는 '순열'과 '조합'으로 계산하는 방법을 배우게 됩니다. 중학교에서 배우는 내용을 제대로 이해하고 넘어가지 않으면 고등학생이 되어서 다시 공부해야 하고, 중학교에서 제대로 다지고 올라갔다면 고등학교 수학도 자연스럽게 이어지게 됩니다.

A4 용지에 채우는 중학 수학 마무리

10

중학교 3학년 2학기에 2차 고사를 치고 나면 중학교에서 배워야 하는 내용은 다 배웠기에, 졸업할 때까지 수업 시간에 여유가 있습니다. 그래서 저는 고등학교에 입학하면 3월에 보게 될 모의고사를 위해 기출문제를 뽑아서 풀어보게 했습니다. 범위가 중학교 교육과정이므로 전부 배운 내용인데도 아이들은 다소 낯설어합니다. 쉬워 보이는 문제이지만 예전에 배워서 기억이 안 나기도 하고, 문장이 길어서 읽어내기도 힘들어하는 아이도 있습니다. 채점 후 자신의 점수를 보면 다들 조용해집니다.

중학교 시험이 끝난 이후부터 고등학교 입학 전까지의 시간은 생각보다 깁니다. 이 시기에는 빠르게 중1 과정부터 중3 과정까지 교과서로 전체를 훑어보는 것이 도움이 됩니다. 첫 모의고사를 잘 치기 위해서가 아닙니다. 어차피 고등학교 수학은 중학교 수학에서 심화되는 것이고, 연결되기 때문에 기초를 확실히 해두기 위한 것입니다.

고등학교 수학 시간에 학생들에게 "얘들아, 이거 중학교에서 배웠지?"라고 물으면 아이들은 전부 입을 모아 배우지 않았다고 대답합니다. 교육과정상 안 배울 수가 없는데, 그만큼 전혀 기억을 못하는 것이지요.

중학교에서 배운 내용을 한 번 정리하면서 자신이 부족했던 부분을 점검할 때도 별도의 문제집보다는 교과서를 추천합니다. 저는 수학 교과서는 버리지 말라고 늘 주의를 주지만, 아이들은 해당 학년 마지막이 되면 다 버리고 싶어 합니다. 마이크를 잡고 "수학책은 버리면 안 돼!" 하고 방송이라도 하고 싶은 마음입니다.

중1부터 중3까지 세 권의 교과서에 들어 있는 문제를 다 풀어보기는 힘듭니다. 교과서와 종이, 펜을 준비해 목차를 펴두고 해당 목차에서 어떤 내용을 배웠는지 생각나는 대로 써봅니다. 처음에는 3년 동안 배웠던 수학 내용을 다 적어도 종이 한 장이 채워지지 않을 수도 있지만, 반복해서 연습하다 보면 학년별로 몇 장씩 적을 수 있게 됩니다. 적어보고 페이지를 넘기면서 확인하고, 다음 날 다시 백지를 꺼내서 적어보는 겁니다. 몇 번 반복하다 보면 중학교 3년간의 수학 수업 과정이 머릿속에 그려집니다. 그중에서 마음에 걸리는 부분이 있다면 해당 부분의 문제를 풀어봅니다. 마음이 불편하다는 건 뭔가 정확히 이해되지 않았다는 의미니까요.

그렇게 백지를 꺼내어 수학과 관련된 개념을 쓰고, 그것으로 끝나는 것이 아니라 거기에 계속 추가해나가는 연습을 하면서, 개념과 개념을 연결시켜야 합니다. 그렇게 정리해놓으면 고등학생이 된 뒤에 중학생 때 배운 개념이 이해되지 않을 때 펼쳐볼 수 있는 자신만의 개념 노트가 됩니다.

물론 이런 과정을 할 수 있으려면 평상시에 공부하는 습관부터 개념을 중심으로 해야만 합니다. 평상시에 문제풀이로만 수학을 접한 아이는 공부를 잘하는 꿀팁을 아무리 알려줘도 하지 못합니다. 떠오르는 게 없어서 백지를 마주하는 것 자체가 공포이기 때문입니다.

위와 같은 방법을 '백지 공부법'이라고 하는데, 저도 자주 사용하는 방법입니다. 내가 아는 것이 무엇이고, 모르는 것이 무엇인지 가장 정확히 알 수 있는 방법이기도 하지요. 누가 말해주지 않아도 스스로 파악할 수 있다는 것이 최고의 장점입니다. 어려운 책을 읽고 나서도 이 방법을 쓰면 전체를 이해하는 데 효과가 뛰어납니다. 이렇게 중학교 수학 개념들의 정리를 끝낸 뒤에, 고등학교 수학을 접하는 것이 좋습니다.

고등학교에 입학하면 배우는 과목 수도 많아지고, 양도 많아집니다. 새로운 환경에 적응도 해야 하고 공부에 대한 스트레스도 커지는 시기입니다. 사실 고등학교 1학년 학생들을 보면 3월에 아픈 친구들이 많습니다. 아직 날씨도 추운 데다가 낯선 공간에서 생활하게 되니 머리며 배가 자주 아프더군요. 그런 것까지 염두에 둔다면 미리 공부를 해두는 것도 나쁘지는 않습니다.

교과서를 미리 구입해서 살펴보아도 좋고, 문제집으로 접해봐도 좋습니다. 하지만 이때도 한 학기 이상의 진도를 미리 나가는 것은 추천하지 않습니다. 속도가 빠르다는 건 깊이가 없다는 이야기이기도 합니다. 그렇게 수박 겉핥기식으로 공부를 해봤자, 결국 나중에 다시 해야 합니다. 일정 분량을 정해 공부하고, 심화문제까지 풀어보는 식으로 진행해나가면 됩니다. 한 학기 분량이 적당할 것 같습니다. 학기 중에는 학교 수업 때 배우는 내용과 관련된 문제를 풀면서 정확히 익히고, 방학 때는 한 학기 정도의 분량을 미리 살펴보는 식으로 진행하는 겁니다.

물론 학년이 올라갈수록 수학을 공부하는 시간은 많아져야 합니다. 공부 방법과는 별개로, 공부에 기본적으로 시간을 투자해야 한다는 것은 당연한 이야기입니다.

고등학교 1학년에서 배우는 수학은 중학교에서 배우는 내용과 관련된 부분이 많습니다. 하지만 혼자서 소화하기를 어려워하는 아이도 물론 있습니다. 고등학교 수학을 모든 부모님들이 봐주기는 어렵겠지요. 그런데 우리나라에는 *EBS*라는 좋은 무료 콘텐츠가 있습니다. 저도 가끔 *EBS*의 강의를 보면서 참고하기도 합니다. 뛰어난 선생님들을 모셔 진행하는 강의인 만큼 내용도 알찹니다. *EBS*의 강의를 통해 개념 설명을 듣고 문제를 푼 뒤, 모르는 문제에 대한 설명을 들어도 충분합니다.

학원을 다니면서 공부를 한다고 할 때도 공부의 주도권은 학생이 쥐고 있어야 합니다. 자신이 필요한 부분에 대해 학원의 도움을 받는 것이지, 학원이 시키는 대로만 하는 의존적인 자세로 공부하는 것은 장기적으로 보아 해롭습니다. 고등학교에 가면 학교 수업 시간이 많아지기 때문에, 그것을 정리하고 익히는 시간도 더 많이 필요합니다. 그런데 학원까지 다닌다면 시간이 더욱 부족해집니다. 가장 중요한 것은 혼자서 스스로 공부하는 시간을 확보하는 것입니다.

수학(數學)은 수(手)학(學)이다

11

　수학을 잘하는 사람들에 대해 우리가 가지고 있는 잘못된 이미지 중의 하나는 손을 사용하지 않고 눈만 몇 번 굴리면서 머릿속으로 모든 걸 계산하고, 뚝딱 정답을 말하는 모습일 것입니다. 물론 어린 시절에는 저도 그런 모습을 떠올리곤 했습니다. 머리가 나쁜 사람들이 열심히 연습장에 문제를 풀 때, 머리가 좋고 수학을 잘하는 사람들이 암산으로 답을 딱 맞히는 그런 모습 말입니다.

　하지만 그렇지 않습니다. 수학자들도 모두 손으로 직접 계산을 합니다. 수학자들과 관련된 책을 읽어보면 그런 모습을 많이 볼 수 있습니다. 또 갑자기 번쩍, 하고 답을 찾아내는 것이 아니라 길을 가면서도 생각하고, 목욕을 하면서도 생각하고, 심지어 아파서 누워 있을 때도 생각한 끝에 답을 내는 것입니다.

아이들은 중학교 2학년에 확률에 대한 기본적인 내용을 배우고, 고등학생이 되면 경우의 수부터 다시 배우게 됩니다. '경우의 수' 단원을 공부하는 방법은 간단합니다. 빠짐없이, 중복되지 않게 나열하는 것입니다. 나열하지 않고도 해결할 수 있지만 처음에는 모든 경우를 나열해서 패턴을 발견한 다음 생각해보는 것이 좋습니다.

그래서 저는 아이들에게 문제 상황을 주고 직접 찾아보게 합니다. 아무런 지식이 없는 초등학생이라면 아마 그림을 그리거나 모든 경우를 다 세어보려고 하겠지요. 덧셈을 할 때 아무 부끄럼 없이 손가락과 발가락을 모두 사용하는 것처럼 말입니다. 하지만 중학생들에게 직접 나열해보면 된다고 아무리 이야기를 해주어도, 아이들은 그렇게 하지 않습니다. 귀찮은 것도 이유겠지만, 자존심이 상하나 봅니다. 중학생이 되었으니 뭔가 초등학생 때와는 다르게 머릿속으로 답을 찾아내고 싶은 거죠. 거기다가 선행학습을 통해서 경우의 수를 계산할 때는 합의 법칙과 곱의 법칙이 있다는 것을 배워온 친구들은 더욱, 직접 세어보지 않고 멈칫하게 되는 겁니다.

그런데 처음부터 합의 법칙과 곱의 법칙이 있었고, 그다음에 문제 상황이 만들어진 것이 아닙니다. 여러 가지 상황들에 대한 경우의 수를 구하다 보니 크게 두 가지 방법이 있었고, 그것에 이름을 붙인 것입니다. 우리도 그 과정을 따라 학습해야 합니다. 여러 가지 문제 상황들에 대해 직접 세어보는 과정을 몇 번만 거치면 어느 정도 감이 생기는데, 처음부터 공식을 적용시키려 하니 어려운 수학문제가 됩니다. 그래서 '사건 A 또는 사건 B가 일어날 확률'을 구할 때 '두 사건 A, B가 동시에 일어나지 않을 때'라는 조건이 붙는 이유와 '사건 A와 사건 B가 동시에 일어날 확률'을 구할 때 '두 사건 A, B가 서로 영향을 끼치지 않을 때'라는 조건이 붙는 이유를 모르는 것입니다. 여기서 계속 등장하는 '동시에 일어난다'는 것이 꼭 같은 시각에 일어나는 것은 아닙니다. 동시에 일어난다는 것에는 '연달아', '모두', '함께'의 뜻이 포함되어 있습니다.

'마시멜로 챌린지'라는 것이 있습니다. 이 게임은 미국의 디자인 회사인 $IDEO$의 피터 스킬 맨이 고안한 것으로, 과학자들 사이에서는 유명했지만 많은 사람들에게 널리 알려진 것은 TED 강의를 통해 소개되면서부터입니다. 규칙은 간단합니다. 서로 처음 보는 사람 4명이 둥근 테이블에 둘러앉습니다. 그들에게 스무 가닥의 스파게티 면과 접착테이프, 실, 마시멜로 1개를 줍니다. 이 재료들을 이용해 탑을 쌓아야 하며, 주어진 시간은 단 18분입니다. 탑의 모양은 아무래도 상관없습니다. 종료 시점에 이 탑이 어딘가에 기대지 않고 온전히 스스로 서 있을 때 바닥에서부터 마시멜로까지의 높이를 탑의 높이로 정의하여 높이가 가장 높은 팀이 이기는 게임입니다.

실제로 이 게임을 해보면 굉장히 다양한 방식으로 탑을 쌓을 수 있는데, 직업군에 따라 마시멜로 탑을 쌓은 방식과 결과가 다릅니다. 그런데 미국 경영대학원 학생들이나 변호사들처럼 명석한 사람들이 쌓은 탑의 높이가 유치원생들이 쌓은 탑의 높이보다 현저히 낮다는 충격적인 결과를 볼 수 있습니다. 어른들은 직접 해보기 전에 어떻게 이 과제를 수행할지 계획을 짜고 "이렇게 해볼까?", "아니야, 그렇게 하면 안 되지." 등의 의견을 나누면서 다양한 가설과 나름의 원리를 바탕으로 여러 가지 계획을 짭니다. 17분 50초까지 열심히 계획에 맞춰 탑을 쌓다가 마지막에 탑 위에 '짜잔!' 하고 마시멜로를 올려놓는데, 그러면 대개 무너집니다.

하지만 유치원생들은 다릅니다. 그들은 계획을 세우지 않습니다. 일단 재료를 가지고 탑을 만듭니다. 하나씩 올리면서 성공하면 더 높은 탑을 쌓습니다. 다리를 붙이고 가지를 뻗고 안테나를 올리며 탑의 높이를 올립니다. 18분 동안 적게는 3개, 많게는 6개의 탑을 만듭니다. 중요한 것은 일단 실행에 옮겨보는 것입니다.

이 실험 결과가 들려주는 메시지는 처음 해보는 일은 계획할 수 없다는 것입니다. 다양한 시도를 하고, 실패하면 다시 시도하며 이루어나가는 과정에서 목표를 완수할 수 있다는 것이죠.

학생들이 수학을 공부할 때도 이런 원리를 적용하면 좋겠습니다. 이미 누군가로부터, 혹은 자신이 공부한 법칙들을 문제에 어떻게 적용할까 고민하기 이전에, 문제를 만나면 그냥 일단 달려들어 해보는 겁니다. 하다 보면 자신이 생각한 개념과 자연스레 만나게 됩니다.

도형 단원에 대해서도 마찬가지입니다. 도형은 초등학교 시절에 학교에서 구체물을 직접 만들어보고 중학교에서는 그려보는 경험이 필요합니다. 수학 선생님들이 도형을 잘 그리는 이유는 많이 그려보았기 때문이 아닐까요(그림을 잘 그리는 것과는 별개의 문제입니다). 고등학교에서도 도형을 좌표축 위에 올려서 그릴 수 있도록, 계속 자신의 머릿속에 있는 것을 손으로 그려보는 연습을 해야 합니다.

똑같은 문제인데도 그림이 주어지지 않으면 학생들은 어렵게 느낍니다. 그런데 문제에서 설명하는 것을 직접 그림으로 나타낼 수 있어야 답을 찾을 수 있습니다. 머릿속으로만 떠올리는 것과 손으로 그려서 눈으로 직접 보는 것과는 큰 차이가 있습니다.

스스로 그다지 명석하지 않다고 생각하는 저는 책을 읽을 때 조선 중기의 시인인 김득신을 생각하며 위안을 받곤 합니다. 김득신은 10세에 천연두를 앓아 머리가 나빠졌으나, 읽고 또 읽는 노력으로 환갑이 다 된 59세에 과거에 급제한 대기만성의 인물입니다. 다산 정약용조차도 조선 최고의 독서가는 김득신이라고 할 만큼 독서광으로 알려져 있으며, 사기 백이전을 1억 1만 3천 번(지금의 셈법으로는 11만 3천 번) 읽었고, 1만 번 이상 읽은 책만도 36권에 이른다고 합니다.

김득신이 스스로 지은 자신의 묘비명에는 "재주가 남만 못하다고 스스로 한계를 짓지 말라. 나보다 어리석고 둔한 사람도 없겠지만 결국에는 이룸이 있었다. 모든 것은 힘쓰는 데 달렸을 따름이다."라고 되어 있습니다.

그 어떤 말보다 위로가 되었습니다. 저도 책을 한 번 읽고 제대로 이해한 적이 거의 없습니다. 『코스모스』는 세 번 읽었는데도 잘 이해가 되지 않아 "앞으로 일곱 번 더 읽을 거니 괜찮다."라고 스스로를 다독여야 했습니다. 책을 읽다가 어려워서 '일단은 끝까지 읽는 데 의미를 두자.'고 마음먹었던 책들이 부지기수입니다. 그래서 책을 다 읽은 후에는 표지에 '1회독'이라고 쓰고 날짜를 기록해둡니다. 그 의미는 앞으로 2회독, 3회독이 이어질 것이라는 의미이지요. 독서 모임을 하면서도 '같은 책을 읽었는데도 받아들이는 것이 이렇게 다를까.' 하는 생각이 듭니다. 그 책에서 100가지를 얻는 사람이 있다면, 저는 한 가지도 제대로 못 챙길 때가 많다는 느낌이 들곤 했습니다.

그런데 이런 제가 겁 없이 수학을 선택했으니, 부족한 만큼 성실한 자세로 읽고 이해해나가려고 합니다. 아주 뛰어난 풀이를 학생들에게 전수해주는 교사는 아니지만 함께 문제해결 과정을 고민하고, 계속해서 노력하는 모습으로 학생들과 함께해야겠습니다. 아주 진득하게 말이죠.

고등학교 수학 모의고사를 체험하다

중학생 때까지는 시험이라고 하면 1차 고사와 2차 고사, 수행평가만 생각합니다. 하지만 고등학생이 되면 내신과 모의고사라는 두 종류의 시험이 있습니다. 제가 고등학생 때만 해도 두 달에 한 번은 모의고사를 쳤던 것 같습니다. 그러니 '돌아서면 시험'이라고 해도 될 정도였지요. 하지만 지금은 사설 모의고사를 치지 않기 때문에 1년에 네 번 모의고사를 봅니다. 2021년 기준으로는 3월, 6월, 8월, 11월이었습니다.

학생 시절에 모의고사를 대하는 마음 자세가 어때야 할지 미리 알았다면 좋았을 텐데, 아쉽게도 몰랐습니다. 어쩌면 선생님들께서 말해주셨는데 제가 그게 무슨 의미인지 몰라서 받아들이지 못했는지도 모릅니다. 그런데 임용고사를 보기 위해 공부하면서 모의고사가 꼭 필요하다는 걸 알 수 있었습니다.

3월부터 6월까지는 기본서를 중심으로 공부했습니다. 그러다가 7월부터 문제풀이 반 강의를 들으면서 부족한 개념이 무엇인지 확인할 수 있었습니다. 9월부터는 모의고사 반 강의를 들었습니다. 같은 해에 시험을 보는 선배, 동기들과 한 교실에서 실제 시험처럼 시간을 맞춰 문제를 풀었습니다. 시험 분위기가 나도록 책상 배치도 바꾸고, 실제 시험과 같은 시간에 연습을 했던 것입니다.

이후에는 강의를 들으면서 틀린 문제를 체크했습니다. 점수가 중요한 것이 아니라 문제를 풀면서 어떤 부분이 약한지 파악할 수 있었습니다. 그 부분들만 따로 문제를 적어놓고, 그와 관련된 부분들을 복습하면서 채워나갔습니다. 그런데 고등학교에서는 이런 환경을 모두 학교에서 만들어주고 연습할 수 있게 해주는 거지요.

물론 저도 고등학생 시절에는 모의고사를 왜 치는지도 몰랐고, 일단 시험을 본다는 사실 자체가 싫었습니다. 항상 기대에 못 미치는 점수가 나왔고, 시험을 본 뒤에 시험지는 그냥 쓰레기통으로 던져버렸습니다. 모의고사는 그저 자존감을 하락시킬 뿐, 공부에는 도움이 되지 않았던 거지요. 그러나 이 글을 읽고 있는 부모님의 자녀들은 저와 같은 시행착오를 겪지 않길 바랍니다.

사실 모의고사를 따로 대비할 필요는 없습니다. 스스로 정한 계획대로 공부를 해나가면 됩니다. 수학 같은 경우는 학교 진도와 거의 비슷하게 범위가 정해집니다. 지나친 선행학습을 하고 있지 않다는 전제하에 현재 하고 있는 수학 공부가 바로 모의고사 대비가 됩니다. 1, 2학년 때 모의고사를 칠 때는 점수에 일희일비하기보다 공부의 일환이라고 생각하고 임하는 게 좋습니다. 모의고사에서 답을 잘 찍어서 점수가 조금 올라간다고 해도 아무런 의미가 없습니다. 시험을 통해 자기가 어느 부분에 강하고 어느 부분에 약한지 파악하는 것이 중요합니다.

성적이 좋은 1~2등급 학생들은 물론 만점을 목표로 하겠지요. 수학 모의고사에는 항상 '킬러 문항'이 4개 정도 등장합니다. 나머지 문제는 모두 맞추고 이 문제들을 얼마나 실수 없이 정확하게 푸는지가 대개 1등급과 2등급을 나누는 기준이 됩니다.

3~4등급인 학생들은 나머지 문제는 거의 맞추더라도 이 킬러 문제를 틀리는 경우가 많습니다. 그러므로 시간이 충분하다면 네 문제를 모두 시도해보되, 풀릴 것 같은 문제를 집중 공략하는 것도 방법입니다. 모의고사 문제를 푸는 시간도 내 공부를 하는 시간이라고 생각한다면, 한 문제에 대해 깊이 생각하는 과정과 시간을 통해 '수학하는 힘'이 길러지는 것입니다. 특히 시간적 제약이 있는 상태에서 깊이 몰입해보는 경험을 할 수 있습니다.

5~6등급인 학생들은 평소에 기본 문제집만 해결할 것이 아니라 조금 더 수학에 시간을 투자해서 심화문제를 풀어보는 연습을 해야 합니다. 7~9등급이라면 수학의 개념들을 확실히 이해하는 것이 먼저입니다. 정확한 개념을 익힐 수 있도록 공부해야 합니다. 시험 전날 수면시간 조절에 실패하고 정작 모의고사 치는 날 학교에서 숙면을 취하는 경우도 있

는데, 이런 경우도 매우 주의해야 하겠지요.

고등학교에서 배우는 수학의 최종 목적지는 어디일까요? 아마도 현실적으로는 수능 시험일 것입니다. 그렇다면 수능 문제를 살펴봅시다. '킬러 문항'이라고 하는 문제를 학생들에게 풀이해주다가 제가 느낀 것은, 중학교 때 배우는 도형과 관련된 성질이 들어간 문제들이 의외로 많다는 것입니다. 중학교 1학년 때 배우는 '평행선에서 동위각과 엇각의 성질', 중학교 2학년 때 배우는 '외심과 내심' 관련 내용, 중학교 3학년 때 배우는 '원의 성질'과 관련된 내용들을 알고 있어야 풀리는 문제들이 있습니다. 연산은 계속 쓰이기에 반복적으로 연습하지만, 도형 부분은 그 단원이 시험범위일 때만 공부하는 경우가 많습니다. 그래서 그때가 지나면 쉽게 잊어버립니다. 이런 일을 방지하고, 뒤늦게 다시 찾아봐야 하는 상황을 맞지 않으려면 그때그때 개념을 확실히 해두고, 심화문제까지 풀어보고 넘어가는 것이 좋습니다.

수능시험의 범위(2022 수능 기준)에는 수학 1과 수학 2가 공통으로 들어가며 미적분, 확률과 통계, 기하의 세 과목 중 한 과목을 골라서 응시하게 됩니다. 공통 과목에서 22문항의 문제가 출제되고 선택과목 안에서는 8문항이 나옵니다. 이때 중학교 수학과 고등학교 1학년 때 배우는 수학이 수능시험 범위에 들어가지 않는다고 대충 해도 될까요? 그렇지 않습니다. 고등학교 1학년 때까지 배우는 수학은 '당연히' 수능 범위에 들어가 있는 것입니다. 중학교 내신시험의 범위가 '일차함수'라 하더라도, 그것은 분수와 소수를 계산할 수 있다는 것을 전제로 하는 것과 마찬가지입니다.

　실제로 수능 문제를 보면 생각이 정리됩니다. 아무리 유형별 학습을 한다 해도 풀 수 없는 문제들이 나오게 됩니다. 그러므로 개념을 이용해서 중간에 포기하지 않고 직접 풀어나가는 경험이 쌓여야 합니다.

|4부|

만점 답안지를 가르는 평가와
채점의 모든 것

가영이와 나영이의 서술형 답안지, 누가 만점일까?

1

중학교 2학년이 되고 처음 배우는 내용은 '유리수와 순환소수'입니다. 이때 순환소수를 분수로 바꾸는 과정에 대해서 배우는데, $0.1\dot{3}$을 분수로 나타내는 문제에 대한 두 학생의 답안을 비교해보겠습니다.

가영이 답안	나영이 답안

$0.1\dot{3}$을 x라고 하면 $x = 0.1333\cdots$ ····· ①
 ①식의 양변에 10을 곱하면
    $10x = 1.333\cdots$ ····· ②
 ①식의 양변에 100을 곱하면
    $100x = 13.333\cdots$ ····· ③
 ③에서 ②를 변끼리 빼면 $90x = 12$
   $x = \dfrac{12}{90} = \dfrac{2}{15}$
	소수점 아래에 점이 찍힌 것이 한 개라서 분모에 9를 쓰고, 점이 찍히지 않은 것이 한 개 있어서 0을 쓴다. 따라서 분모는 90이다.
	 분자는 13에서 점이 찍히지 않은 1을 빼면 12이다. 따라서 구하는 답은 $\dfrac{12}{90} = \dfrac{2}{15}$ 이다.

가영이의 답안은 모범답안이지만 이렇게까지 엄밀하지 않아도 됩니다. $x=0.1333\cdots$이라고 두고, $10x=1.333\cdots$, $100x=13.333\cdots$을 구한 다음에 변끼리 **빼서** 답을 구하는 핵심적인 부분만 들어가도 충분합니다. 물론 수학 교사가 어느 정도로 엄밀하게 보느냐에 따라서 부분점수에서 차이는 날 수 있지만, 그런 부분은 수업 시간에 충분히 설명해줍니다.

나영이의 답안은 얼핏 보면 가영이의 답안보다 서술형처럼 보이지만, 점수를 주기 어렵습니다. 이것은 기계적인 방식으로 푸는 방법을 암기해서 문제를 푼 것입니다. 수학을 서술형으로 시험 치는 이유이기도 합니다. 수학을 배우는 이유는 단지 해당 단원의 내용을 알거나 문제의 답을 찾아내는 것보다 문제를 해결하는 과정에서 얻어지는 문제 해결 능력과 논리력을 키우기 위한 것인데, 이런 식의 풀이는 생각하는 힘을 기르는 데 아무런 도움이 되지 않습니다.

아마도 나영이는 어릴 때부터 이렇게 학습하는 것이 습관이 된 것은 아닐까요. 중고등학생 때 수학 공부를 하면서 기계식 암기를 하는 경우는 초등학생 때부터 습관이 되어 있는 경우가 많습니다. 예를 들어보겠습니다. 초등학교 4학년 때 '몇 백의 곱, 몇 천의 곱'에 대해서 배웁니다. 이때, 200×300을 계산할 때는 2와 3을 곱하고 0을 4개 붙인다고 설명할 것입니다. 그런데 기계적으로 이렇게 외우기만 한다면 복잡한 곱셈을 할 때 문제가 생깁니다. 이때는 200의 3배는 200을 세 번 더한 것이므로 600이고, 200×30은 600의 10배이므로 6,000이며 200×300은 6,000의 10배이므로 60,000이라는 것을 알아야 합니다. 이런 과정들을 아이가 직접 설명할 수 있을 때, 마지막에 결과를 암기해서 적용해야 하는 것이지요.

또한 분수의 나눗셈을 할 때, 왜 나누기를 곱셈으로 바꾸고 뒤의 수를 역수로 취해야 하는지 물으면 계산을 아무리 잘하는 아이라도 쉽게 설명할 수 없을 것입니다.

$\frac{3}{5} \div \frac{2}{7}$ 를 $\frac{3}{5} \times \frac{7}{2}$ 로 바꾸어서 설명하는 이유를 생각해보면 다음과 같습니다.

먼저 통분하여 두 분수의 분모를 같게 만든다. $\frac{3}{5} \div \frac{2}{7} = \frac{3 \times 7}{5 \times 7} \div \frac{2 \times 5}{7 \times 5}$

분모가 같아지면 분자끼리 나눌 수 있다.

$\frac{3 \times 7}{5 \times 7} \div \frac{2 \times 5}{7 \times 5} = (3 \times 7) \div (2 \times 5)$

나눗셈을 분수로 나타내면 다음과 같다. $(3 \times 7) \div (2 \times 5) = \frac{3 \times 7}{2 \times 5}$

분수를 처음 분수와 비교해보면, $\frac{3 \times 7}{2 \times 5} = \frac{3 \times 7}{5 \times 2} = \frac{3}{5} \times \frac{7}{2}$ 이 된다.

이 방법 외에도 $a \div b$의 값을 'b에 곱해서 a가 되게 하는 것'으로 생각하면 쉽게 답이 찾아집니다. $\frac{3}{5} \div \frac{2}{7}$ 의 값은 $\frac{2}{7}$ 에 곱해서 $\frac{3}{5}$ 이 되게 하는 값입니다. 그러면 $\frac{7}{2} \times \frac{3}{5}$ 이라는 값이 구해집니다. 이것이 바로 $\frac{3}{5} \div \frac{2}{7}$ 의 값이 $\frac{3}{5} \times \frac{7}{2}$ 이 되는 것이지요.

이제는 한 문제에 대해서 다양한 답안이 가능하다는 예를 들어보겠습니다.

[문제] 삼각형 ABC 의 외심 O 가 변 BC 위에 있다. $\angle B=42°$일 때, $\angle C$ 의 크기를 구하시오.

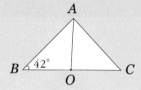

간단해 보이는 문제에 대해 다양한 답변을 살펴볼까요?

가희의 답안	나희의 답안	다희의 답안
$\triangle ABC$의 외심이 빗변의 중심에 있으므로 $\triangle ABC$는 직각삼각형이다. $\angle A=90°$이므로 $\angle C=48°$이다.	점 O가 외심이므로 $\overline{OA} = \overline{OB}$이다. $\angle AOB=96°$라서 $\angle AOC=84°$이다. $\triangle AOC$가 이등변삼각형이므로 $\angle C=48°$	삼각형에서 한 각의 외각은 나머지 두 내각의 합과 같다. $\angle AOB=96°$이므로 $\angle C=48°$

한 문제를 해결하면서도 이와 같이 다양한 방법을 스스로 생각해본 학생이라면, 이런 문제를 접했을 때 한 가지 풀이를 쓰더라도 다른 방법 을 이용해서 답을 확인할 수 있을 것입니다. 그런데 한 가지 방법만 익힌 다면 검산을 하더라도 틀릴 확률이 높습니다. 접근법을 달리해보면 검산 의 효과가 높아집니다.

수학도 결국 문해력이다

2

시험을 출제할 때, 책을 읽다가 힌트를 얻어서 재구성하여 문제를 만들었던 적이 있습니다. 시험 때마다 매번 그런 문제를 만드는 것도 아니고, 모든 문제를 이런 식으로 구성하는 것도 아니지만 이렇게 '직접 만든 창의적인 문제'를 내고 나면 뿌듯하기도 하고, 평가를 할 때에도 더 집중하게 됩니다. 남들에게 설명할 수 없는 저만의 즐거움이라고나 할까요.

여기에 소개하는 문제들은 그해에 특히 같은 학년을 가르치던 선생님들과 함께해서 든든했기 때문에 출제할 수 있었던 것이기도 합니다. 문제에 오류가 있거나 수정했으면 하는 부분도 동료 교사들께서 잘 찾아주셨습니다. 기존에 없던 문제를 만들어낸다는 것은 사실 용기가 필요한 일이니까요. 신규교사 때 평가 연수에서 "시험 문제는 문제가 없도록 내는 게 가장 좋다."라는 말을 들은 적이 있습니다. 이런 말을 들으면 누구도 선뜻 새로운 문제를 만들어볼 엄두를 내지 못하겠지요.

그러면 제가 출제했던 문제를 소개해보겠습니다.

[문제] 글을 읽고, 다음 물음에 답하시오.

> 수학 선생님이 공원을 산책하다가 아주 오래된 상자를 하나 발견한다. 그 상자에는 무언가 대단한 것이 숨겨져 있을 것 같은 느낌이 든다. 열려고 했는데, 자물쇠가 걸려 있다! 자물쇠의 비밀번호는 네 자리였는데, 그냥 포기할까 하던 차에 자물쇠 밑에 붙어 있는 스티커를 발견한다. 자세히 보니 48/101이라고 적혀 있다. 이게 뭘까 고민하던 수학 선생님은 이게 힌트라는 예감이 든다. 수학 선생님은 한참 생각하다가 (1) 이것이 순환소수라는 결론을 내리고, 소수로 나타내보았다. 그러고는 (2) 순환마디를 찾아서 비밀번호를 맞추어보았더니 상자가 열렸다. 그 상자 안에 든 것은 바로!

(1) 직접 나누어보기 전에 순환소수라는 결론을 내릴 수 있었던 이유는?

(2) 직접 나누어서 $\dfrac{48}{101}$ 을 소수로 나타내고, 자물쇠의 비밀번호를 찾아보자.

이 문제를 풀려면 우선 글을 읽고 이해하는 능력이 있어야 합니다. 그런 다음에는 순환소수와 관련된 정확한 개념을 알고 이야기할 수 있어야 합니다. 그래야 해결할 수 있습니다. 혹시나 답을 궁금해하실 분을 위해 간단하게 적어보겠습니다.

　(1)번은 수업 시간에 '순환소수로 나타낼 수 있는 분수'는 정수가 아닌 분수를 기약분수로 나타냈을 때, 분모에 2나 5 이외의 소인수가 있으면 그 분수는 순환소수로 나타낼 수 있다고 배운 것을 이용하면 됩니다. '101은 2나 5 이외의 소인수이므로 순환소수'라는 결론을 내릴 수 있습니다.

　(2)번은 학생들에게 문제풀이 방식을 제시해둔 것입니다. 직접 나누는 과정, 해당 분수를 순환소수로 나타내기, 비밀번호 이렇게 세 가지에 대해 점수를 부여한다는 의미입니다. 답은 4752입니다. 참고로 여기서 101이 소수라는 것은 중학교 1학년에 처음 배우는 내용입니다. 101이 소수인지 판정하는 방법은 제곱해서 101에 가까운 수인 10 이하의 소수로만 나누어보면 알 수 있습니다. 자연스럽게 중학교 1학년 때 배웠던 내용이 사용됩니다.

　이 평가 문제를 낸 뒤에 저는 새삼 문제를 만드는 재미를 느꼈습니다. 평가 담당 선생님께서 "교장 선생님이 중학교 2학년 시험 문제를 누가 출제했냐고 물으셨어요. 그리고 수학 시험도 이렇게 내는 게 맞다고 하셨답니다."라고 전해주시는 이야기를 듣고 뿌듯하기도 했습니다. 실제로 시험을 친 후에 어느 학생이, 자기가 다니는 학원 선생님도 "너희 학교 시험 문제는 누가 낸 거니? 진짜 특이하다."라고 말씀하셨다고 하더군요.

물론 기계식 암기 위주로 학습한 학생들은 이 문제를 어려워했습니다.

제가 출제한 문제 중에 그리 어렵지는 않지만 지문이 길었던 다른 문제를 소개해보겠습니다. 이 문제는 '닮음'에 관련되는 내용으로, 수업 시간에 학생의 발표를 들으면서 영감을 얻어 만든 문제입니다.

[문제] 밑줄 친 부분에 알맞은 답을 적어보자.

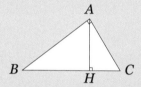

오리 오늘 수업에서 선생님은 이 삼각형에서 닮은 삼각형을 세 쌍 찾을 수 있다고 하셨는데, 나는 왜 두 쌍밖에 안 보일까? △ABC랑 △HBA이 닮음이고, △HBA이랑 △HAC도 닮음인 건 알겠는데, 다른 한 쌍은 모르겠어.

토끼 아! 오리가 못 찾은 닮음인 나머지 한 쌍은 (1)이야.

오리 (1)은 왜 닮음인 거야?

너구리 왜냐하면 (1)의 두 삼각형은 닮음 조건 (2)가 성립하기 때문이야.

오리 조금 더 자세히 설명해줄래?

토끼 (2)번의 조건이 성립하는 이유를 설명하자면 (3)이야.

오리 그렇다면 (1)에서 찾은 닮음을 통해서 알아낼 수 있는 게 없을까?

너구리 닮음비를 이용해 식을 세우고 그 식을 정리하면 (4) 이렇게 나와.

토끼 그렇다면 (4) 식을 이용하여 아래 그림에서 x의 값을 구해보자.

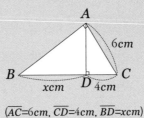

$(\overline{AC}=6cm, \overline{CD}=4cm, \overline{BD}=xcm)$

오리   이 문제는 내가 해결해볼게! 풀이는 (5) 이고, 답은 (6) 이야.

너구리   정확해! 오늘 수업 완벽히 이해한 것 같아.

이런 문제는 해당 부분의 내용을 공부하고 증명하는 방법을 암기했다 하더라도, 지문을 읽어내는 힘이 없다면 풀기 어렵습니다. 그래서 문해력이 필요한 것입니다.

다음은 제가 어휘력이 중요하다고 생각하게 된 또 다른 문제입니다.

[문제] 지수가 생일을 맞아 친구들과 놀이공원에 가려고 한다. 놀이공원에는 할인혜택이 있고 1인당 이용 요금이 15,000원이다. 이때 몇 명 이상부터 생일 이벤트로 할인받는 것보다 통신사 제휴 카드로 할인받는 것이 더 유리한지 구하는 풀이과정과 답을 쓰시오. (단, 혜택은 한 가지만 선택하여 받을 수 있다.)

통신사 제휴 카드 할인	생일 이벤트 할인
전체 이용 요금의 30% 할인	생일자 포함 동반 3인까지 60% 할인

이 문제는 중학교 2학년에서 배우는 '일차부등식'을 활용하면 됩니다. 그런데 채점을 하면서 알았습니다. 수업 시간에 비슷한 유형을 풀어보았는데도 아이들이 '유리하다.'라는 개념을 정확하게 몰랐다는 것, 그리고 '생일자 포함 동반 3인'이라는 말을 이해하지 못한 경우도 많았다는 사실을 말입니다. 일차부등식을 푸는 연습도 중요하지만 글을 읽고 정확히 이해하는 능력이 가장 기본입니다. 사실 이런 경우는 일상생활에서도 많이 부딪히게 되는 상황이므로, 합리적인 소비생활을 위해서도 상황을 이해하고 제대로 계산할 수 있어야 합니다.

한편 '경우의 수' 문제를 다루면서는 토너먼트와 리그전이라는 용어가 나옵니다. 운동경기를 보는 것을 좋아하는 학생들이라면 자연스럽게 아는 단어이겠지만, 평소에 관심이 없다면 이 용어도 어렵게 다가올 수 있습니다. 저 또한 그런 경우에 속했으니 말입니다. 축구 경기를 보면서 몇 대 몇으로 이겼는지도 중요하지만 어떻게 진행되는지도 이야기를 나누어보면 좋습니다. 월드컵은 본 대회에 앞서 각 대륙의 예선을 통해 본선 진출국 32개국을 확정 짓습니다. 32개 진출국의 순위를 고려하여 8개 조에 4개의 나라를 각각 배정하고 조별로 '리그' 방식으로 각 조의 상위 2개 나라만이 16강에 진출하게 됩니다. 16강부터는 토너먼트 방식으로 변경해서 경기가 진행되는데, 각 팀끼리 한 경기씩만 치르면서 준준결승, 준결승, 그리고 결승을 거치며 우승국을 가리게 됩니다.

에이브러햄 링컨은 "나에게 여덟 시간을 주고 나무를 자르라고 한다면, 나는 도끼 가는 데에 여섯 시간을 쓸 것이다."라고 말했습니다. 수학 서술형 평가에서 높은 점수를 받기 위해서는 서술형 문제를 푸는 연습만 할 것이 아니라, 다양한 글을 많이 읽어서 문해력을 키우는 게 중요합니다.

결국 답은 책을 읽는 것, 즉 독서입니다. 수학 관련 책을 읽으면 수학을 문제로만 만나는 것이 아니라, 수학의 역사와 일상생활에서 어떻게 사용되는지 등도 폭넓게 알게 되어 도움이 됩니다. 수학책만이 아니라 다양한 분야의 책을 읽는 것도 물론 좋습니다. 부모님들이 바라는 것은 아이가 수학에서 100점을 받는 것만은 아닐 것입니다. 그러니 얼핏 생각하면 링컨의 말처럼 연장을 다듬는 데 긴 시간을 쓰는 것이 오래 걸리는 것 같지만, 오히려 가장 빠른 길일수도 있다는 것을 기억하시면 좋겠습니다.

기호와 숫자를 정확하게 표기하라

3

초등학교에 입학하고 나면 수학 시간에 숫자 쓰기를 배웁니다. 아이들은 이것이 얼마나 중요한지 과연 알고 있을까요?

서술형 채점을 하다가 저는 몰랐던 사실들을 알게 되었습니다. 4와 9를 비슷하게 쓸 수 있다는 것과, 아이들의 글씨에서 8과 6을 구분하기가 힘들다는 점이었습니다. 중학생을 데리고 숫자 쓰기부터 다시 연습해야 하는 건가 싶어 한숨이 나왔습니다. 무슨 숫자인지 헷갈릴 수밖에 없어서 채점을 하다 말고 마치 필적 확인을 하는 것처럼 답안지에 적힌 다른 숫자들을 찾아봐야 하는 경우도 왕왕 있습니다. 그래도 수수께끼가 풀리지 않으면 여러 명의 수학 선생님들이 모여 의논하기도 합니다.

하지만 더 큰 문제는 따로 있습니다. 자신이 쓴 숫자를 보고 본인이 헷갈려서 식을 계산하다가 틀리는 겁니다. 이렇게 되면 식은 맞는데 풀이과 정과 답을 틀리는 상황이 생깁니다. 문제를 풀 수는 있지만 정확히 적는 연습이 되지 않아서 점수가 낮은 경우가 생각보다 많습니다.

이렇게 틀리면 아이들은 억울하다고 합니다. 하지만 억울하다고 넘어갈 게 아니라 다시 숫자 쓰기를 연습해야 할 기회입니다. 스스로 고칠 수 있는 문제이기도 하고, 반드시 고쳐야 하는 부분이기도 합니다. 예쁘게 쓰라는 것이 아니라 '정확하게, 알아볼 수 있게' 쓰는 연습이 필요합니다.

수학에서 사용하는 기호는 '약속'입니다. 그러니 정확하게 사용해야 합니다. 예를 들어서 2학년 때 배우는 닮음에서는 닮음 기호를 $\backsim$라고 씁니다. 이 기호는 닮음을 의미하는 라틴어 *similis*(영어의 *similar*)의 첫 글자 *s*에서 온 것으로 알려져 있습니다.

그런데 아무리 강조해도 답안지에 $\backsim$라고 쓰는 경우가 있습니다. 눈치 채셨나요? *S*를 눕히면 아래로 내려갔다 위로 올라가는데, 이 모양은 물결 모양입니다. 눈으로 보기는 했지만 아마 손으로 직접 써보는 연습을 많이 하지 않은 것 같습니다. 이런 기호가 들어가면 채점기준표의 '기호의 정확한 사용' 부분에서 감점이 됩니다. 이렇게 감점되면 아이들은 어떻게 반응할까요? "선생님 진짜 너무해요."라고 합니다. 그거 조금 틀렸다고 점수를 깎느냐고 이야기하지요. 아이들은 '실수'를 했다고 이야기하지만 제가 보기에는 '습관'입니다. 처음 배울 때 시간을 들여서 왜 그 기호를 쓰는지 이해하고 연습하는 과정이 있어야 하는데, 대충 넘어가니 그 과정이 생략된 것입니다.

이와 비슷하게 중학교 1학년에서는 합동기호 ≡를 사용합니다. 예상하셨겠지만 =라고 등호를 쓰는 아이들이 있습니다. 그러나 등호를 쓰면 두 삼각형의 넓이가 같다는 의미가 되기 때문에 내용이 달라집니다. 다시 말하지만 수학은 '기호로 된 언어'입니다. 정확하게 사용해야 의사소통이 원활해집니다.

또 수학에서는 미지수를 x라고 둡니다. 『수학의 유혹』이라는 책을 보면 미지수를 x로 둔 이유가 나옵니다. x를 처음 사용한 사람은 17세기 프랑스 수학자 데카르트인데, 그 당시에 인쇄소에 활자 x가 가장 많았기 때문이라고 합니다. 인쇄소에 x가 많았던 이유는 프랑스어에 x가 들어가는 단어가 적어서 남아돌았기 때문이라는 말도 있고, 프랑스어에서 단어가 복수가 될 때 s 대신에 x를 쓰기 때문에 많이 만들어두어서라는 이야기도 있습니다.

그런데 분명히 문제에서는 x(영어 알파벳 문자 엑스)를 구하라고 하는데도, 학생 중에 χ(고대 그리스어 문자 '카이')를 쓰는 경우가 있습니다. 직접 써 보면 아시겠지만, 그렇게 쓰면 특이하고 예쁘게 보이기도 합니다. 저도 대학생 때 친구가 그렇게 쓰는 것을 보고 따라서 썼다가 교수님께 무척 혼난 적이 있습니다. 그 뒤로는 철저하게 지키고 있습니다. a, b를 구하라고 했는데 α, β라고 쓰면 안 되는 것처럼, x를 χ라고 쓰면 안 됩니다.

이런 이야기를 하면 어떤 아이들은 "선생님, 진짜 깐깐하시네요."라고 합니다. 수학 과목이 정확함을 추구하는 특성이 있으니 수학 선생님의 성격까지도 그런가 보다, 하기도 합니다. 그러나 제가 깐깐한 것이 아닙니다. 아이들이 장차 사회에 나가서 어떤 직업을 가지게 될지는 알 수 없지만, 많은 일에는 '정확함'이 요구됩니다. 정확함을 놓쳐서 많은 문제점들이 일어나기도 하지요.

그렇다면 정확함을 추구하는 과정은 언제 어디서 연습해야 할까요? 학교에서 공부하는 과정에서 길러질 수 있다고 생각합니다. 어떠한 물건을 만들 때 여러 번 검사하는 습관도 시험 문제를 풀면서 다시 재검해보고 틀린 것을 찾아 수정하면서 스스로 틀릴 수도 있다는 것을 알고 틀린 것을 고치는 경험을 해보면서 길러지게 됩니다.

특히 수학에서는 기호 사용에 민감하게 반응하는 습관을 들여야 고등학생이 되어서 도움이 됩니다. 예를 들어 급수를 배울 때, $\sum\limits_{k=1}^{10}k$와 $\sum\limits_{n=1}^{10}k$를 만나게 됩니다. 두 가지의 차이점을 찾으셨나요? 그렇습니다. Σ 기호 밑에 적힌 알파벳이 다릅니다. 기호 하나의 차이이지만 결과는 완전히 다릅니다. $\sum\limits_{k=1}^{10}k=1+2+3+\cdots+10=\dfrac{10\times11}{2}=55$이고 $\sum\limits_{n=1}^{10}k=k+k+k+\cdots+k=10k$입니다.

또 다른 기호를 볼까요. '같음'을 나타내는 기호는 등호(=)입니다. '같지 않음'을 나타내는 기호는 ≠입니다. 등호에 작대기를 그을 때, 오른쪽 위에서 왼쪽 아래로 사선을 긋는 것입니다. 가끔 똑바로 긋거나 반대로 그어진 모습을 보면 당황스럽습니다. 정확하게 쓰는 연습이 필요합니다.

또 한 가지는 '단위'입니다. 문장제 문제에서 답을 적을 때는 단위가 쓰이는 경우가 대다수입니다. 선생님에 따라 답안지에 아예 단위를 적어놓는 경우도 있지만, 그렇지 않을 때도 있습니다. 저는 수업을 할 때 '원칙적으로' 단위를 쓰게끔 합니다. 연습을 해야 하기 때문입니다. 시험 때는 단위까지 채점 기준에 포함되어 있는 경우가 많으며, 이럴 때 잘못 쓰면 당연히 감점입니다. 2㎝와 2㎠은 엄청난 차이가 있습니다. 2㎝는 길이를 나타내는 것이고, 2㎠는 넓이를 나타내는 것입니다. 길이를 구하라고 했는데 넓이를 구했으니 틀린 것이 당연하겠지요. 이런 부분은 답안지를 작성한 후에 한 번 더 살펴보는 것만으로도 찾아낼 수 있습니다. 사람의 키와 관련된 문제에서 답이 160이 나왔다고 합시다. 상식적으로 생각하면 단위는 ㎝이지만, 만일 문제에서 몇 m인지 구하라고 했다면 1.6m라고 고쳐야 합니다. 단위를 바꾸는 것은 초등학생 때 많이 연습하기도 하지요.

때로는 어른들도 많이 하는 실수도 있습니다. 분수 $\frac{2}{3}$를 표시할 때 사선을 이용해서 쓰기도 하는데, 이렇게 적으면 2/3입니다. 그런데 $\frac{2}{3}$를 읽을 때 '3분의 2'라고 읽기 때문에 헷갈려서 2/3가 아니라 3/2라고 적는 경우도 있습니다. 기호든 단위든 모두 정확하게 알고, 표현하는 습관을 들여놓는 것이 중요합니다.

시험 불안감, 극과 극은 만난다

수업 시간에는 잘하는데, 시험을 보면 유독 점수가 잘 나오지 않는 학생이 있습니다. 시험이 끝나고 물어보면 "선생님, 1번 문제 풀다가 막혔는데, 그다음부터는 집중할 수가 없었어요."라고 말합니다. 1번 문제는 보통 쉬운 문제를 내지만 그 학생이 모르는 문제일 수도 있고, 긴장도가 높으면 문제가 잘 보이지 않을 수 있습니다.

문제를 다 풀고 나서 다시 한번 보라고 하는 이유는 혹시 모를 계산 실수를 확인하라는 의미도 있지만, 빨리 풀어야 한다는 생각에 문제를 정확히 읽지 않고 잘못 보는 경우도 있기 때문입니다. 어려운 문제가 나오면 때로는 일단 넘어간 뒤 다음 문제를 풀어야 하는데, 그때부터 '못 푸는 문제'에 꽂혀서 다음 문제들까지 영향을 받아 제대로 풀지 못하기도 합니다. 이렇게 시험을 볼 때는 시간을 배분하고 문제를 푸는 요령도 필요합니다. 그래서 정해진 시간에 맞춰서 시험을 보는 연습을 해봐야 합니다.

저 역시 불안감이 높은 편입니다. 시험 칠 때는 혹시나 컴퓨터용 사인펜이 안 나올까 봐 3, 4자루는 예비용으로 더 준비해두고, 화장실도 시험 치기 전까지 최대한 여러 번 다녀오곤 합니다. 큰 시험이 있을 때만 그러는 건 아닙니다. 매일 하는 수업이지만 수업에 들어가기 전에는 늘 숨 고르기를 하면서 그 차시에 학습할 학습지를 훑어보고 머릿속으로 정리합니다. 똑같은 수업을 네 번씩 하면 익숙해질 법도 한데, 매 시간 그렇게 해야 수업이 자연스럽게 진행됩니다.

이 정도이니 학창 시절에도 시험 기간마다 무척 힘들었습니다. 시험을 치고 집에 오면 막막한 기분이었습니다. '암기한 걸 잊으면 안 된다'는 압박감에 더 그랬는지, 다음 날 시험을 준비해야 하는데 마음이 진정이 안 되었던 것이죠. 하루는 걱정이 너무 커서 울어버렸는데, 울고 나니 마음이 차분해지는 걸 경험했습니다. 다행이었지만, 그게 어느새 습관이 되어버렸습니다. 그런데 다들 나처럼 힘들게 사는 줄 알았는데, 시간이 지나고 보니 모두가 그런 건 아니더군요.

저는 그런 불안감을 안고 대학생 때도 고등학생 수준으로 열심히 공부했고, 그렇게 하다 보니 전체 수석으로 총장상까지 받으며 조기 졸업을 하게 되었습니다. 그리고 피할 수 없었던 임용시험이 다가왔지요.

좋은 성적으로 빠르게 졸업한 저였기에, 부모님은 제가 임용시험을 한

번에 합격할 거라고 믿으셨습니다. 하지만 정작 시험을 보는 저는 자신이 없었습니다. 시험지를 받자마자 긴장감과 불안감에 문제가 눈에 하나도 들어오지 않았고, 뭐라고 답을 썼는지조차 기억이 나지 않았습니다. 결과는 뻔했지요. 결국 한 해를 더 공부하여 다시 시험을 치르게 되었습니다.

한 가지 에피소드를 얘기해볼까요. 두 번째 시험을 치러 가는 날, 어머니는 딸이 또 긴장으로 시험을 망칠까 봐 걱정하셨나 봅니다. 아침에 저를 부엌으로 불러 정체불명의 은박지를 주면서, 아주 용한 곳에서 비싸게 주고 받아온 거라며 만지라고 하셨습니다. 그것을 만지면 오늘 시험에서 하나도 떨리지 않을 거라고 하시면서 말이지요. 저는 두 번째 시험을 무사히 치렀고, 그것은 물론 준비를 잘 했기에 긴장감이 덜했기 때문일 수도 있지만 그 은박지도 심리적으로 영향을 미쳤을지 모릅니다.

최종 합격을 한 뒤 어머니께 은박지의 정체를 물었습니다. 정확히는 은박지를 얼마 주고 받아왔는지 궁금했었지요. 그런데 알고 봤더니 그것은 시험날 아침, 급히 은박지 안에 소금과 고춧가루를 넣어서 직접 만드신 것이었습니다. 어쩐지, 조심해서 만지라고 한 데는 이유가 있었던 거지요. 어머니의 기지와 사랑을 새삼 느낄 수 있었던 일화입니다.

하지만 이것이 모든 아이들에게 통하는 방법은 아닐 겁니다. 긴장감이 높은 아이에게 "긴장하지 마."라고 타일러서 되는 일도 아니고, 부적이나 미신에 기대는 것도 좋은 해결책은 아니니까요. 결국은 나름의 방법으로 그것을 감당하며 이겨내고, 한 단계 더 성장해야 합니다.

그렇다면 불안감이 낮다면 시험에 도움이 될까요? 그렇지도 않습니다. 시험에 대한 불안감이 너무 적으면 시험 준비를 제대로 하지 않게 되니까요. 시험 기간을 '학교가 빨리 끝나니까 즐거운 날'이라고 생각하는 학생들도 있습니다. 저는 그런 아이들을 볼 때마다 신기하기도 하고, 한편으로는 그 성격이 부럽기도 합니다. 하지만 '무언가를 잘하고 싶다'는 마음이 있다면 어느 정도의 스트레스는 생길 수밖에 없습니다. 만일 전혀 스트레스가 없다면 그 일에 대해 관심이나 잘하고 싶은 마음 자체가 아예 없다는 것입니다. 그러니 시험에 대한 불안감은 없지만, 시험 성적도 잘 나오기가 힘든 겁니다.

이처럼 '적정한' 수준을 유지하는 것은 참 힘든 일이지만, 시험에 대한 긴장과 불안감도 적정선을 유지하는 게 필요합니다. 그리고 제가 찾은 답은, 준비가 되어 있으면 훨씬 나아진다는 것입니다.

실제로 시험 준비가 부족하다고 생각했을 때 불안감은 극도에 달했습니다. 시험 문제가 눈에 읽히지 않는 상황까지 왔지요. 오죽하면 임용시험에 통과한 뒤에도 종종 시험 치는 꿈을 꿨을까요. 시험 날짜는 다가오는데 공부가 되어 있지 않아서 어쩔 줄 모르는 꿈, 시험을 치는 도중에 펜이 나오지 않아서 옆사람에게 빌리려는데 감독관이 안 된다고 해서 우왕좌왕하는 꿈, 아직 문제를 다 풀지 못했는데 시간이 다 지나서 시험지를 거둬가는 꿈 등입니다. 이런 것들은 여전히 높은 제 긴장과 불안감이 만들어낸 것이겠지요. 청소년기를 겪고 있는 우리 학생들은 더 극단적인 꿈에 시달리기도 할 것입니다.

저는 크면서 관련된 책도 읽고, 여러 경험을 겪으면서 생각을 바꾸게 되었습니다. 쉴 수 있을 때 잘 쉬는 것도 능력이라는 사실을 알았고, 마음속 불안을 건드려서 무언가를 할 것이 아니라 '하고 싶어서' 하거나 '그냥' 하는 일들을 더 많이 만들어보기로 한 것입니다. 학생들도 계속 이어지는 시험 속에서 '멈춤' 버튼과 '시작' 버튼을 자신의 상황에 맞게 사용할 수 있으면 좋겠습니다. 사람마다 에너지를 내는 배터리의 용량이 다릅니다. 방전되는 속도와 충전 주기가 모두 다릅니다. 그걸 알아차리고 활용할 수 있을 때 학습능력도 상승된다고 생각합니다. 학습능력뿐만 아니라 삶의 질 자체가 달라지겠지요.

하지만 중학생이 그런 능력을 곧바로 익힐 수는 없습니다. 자기 자신에 대해서 알기 위해서는 스스로에 대한 생각을 많이 해야 하고, 다양한 경험을 해보아야 알 수 있습니다. 아주 어린 시기부터 정해진 계획표대로 살아가다 보면 그런 경험을 해볼 수 있는 기회를 놓치게 되지 않을까 싶습니다. 아이들이 많이 놀아보기도 하고, 지루해보기도 하면서 언제 무언가를 하고 싶은 마음이 드는지, 어떤 느낌이 들 때 내가 쉬어야 할지 등을 스스로 깨달을 수 있도록 해주어야 합니다.

[수행평가]

수학도 자기주도 학습이다

수행평가는 학교마다, 그리고 가르치는 교사마다 차이가 많이 납니다. 그러나 수업 시간의 활동만 잘 따라온다면 누구나 좋은 점수를 받을 수 있습니다. 때로는 '점수를 준다는데도 왜 받지를 못하는 거니.' 하는 안타까운 마음이 들기도 합니다. 학생들이 제발 조금만 더 해주길 바라는 마음입니다.

학기가 시작되면 학교 홈페이지에 과목별 평가계획을 공지합니다. 부모님들도 그것을 통해 지필평가와 수행평가의 비율은 어느 정도인지, 수행평가는 몇 월쯤에 치는지 알 수 있습니다. 하지만 수행평가는 수업 시간에 이루어지기 때문에, 학생이 집에 가서 말하지 않으면 아무리 관심 있는 부모님이라도 아이가 수행평가를 이미 했다는 사실을 모를 수도 있습니다. 지필평가는 대개 날짜가 정해져 있지만 수행평가는 그렇지 않기 때문에 더 그렇습니다.

학기가 시작되면 배운 것이 많이 없는 상태이고 서로 적응하는 시기라서 바로 수행평가를 하기에는 무리가 있습니다. 그리고 2차 지필고사를 치고 나면 방학이 다가와서 성적 처리할 시간이 급박하기 때문에 보통 수행평가는 1차 지필고사와 2차 지필고사의 사이에 합니다. 많은 과목이 그 시기에 몰리기 때문에 아이들이 힘들어하는 것도 사실입니다. 전에 근무했던 학교에서는 '수행평가가 몰려서 힘들다'는 학생들의 의견에, 과목별로 대략적인 시기를 정해주기도 했었습니다. 그리고 수행평가의 내용과 치는 날짜를 수업 시간에도 공지하고, 반에 게시물로도 주고 반복해서 이야기합니다. 그런데도 수행평가 하는 날이 되면 "네? 오늘 수행평가 해요?"라고 묻는 아이들이 꼭 있습니다. 수행평가는 수업 시간에 배운 내용을 잘 이해했는지 파악하는 것이라 지필평가보다 가볍게 생각될 수도 있지만, 사전에 미리 준비하는 것과 하지 않는 것은 차이가 있습니다.

어른이 되어 직업을 가지게 되었을 때, 갑자기 일들이 겹치거나 몰리는 경우는 부지기수입니다. 그럴 때 아이는 누군가의 도움 없이 스스로 대처해야 합니다. 어른이 되었다고 해서 이 능력이 바로 길러지는 건 아니겠지요. 학교에서는 학습 내용만을 배우는 것이 아니라 사회생활을 하면서 필요한 여러 태도와 자세를 배우는 것이므로, 이런 부분을 해결하는 방법도 익혀야 합니다. 또한 많은 일들이 겹치는 상황에서는 닥치는 대로, 또 생각나는 대로 하는 것보다는 계획을 세워서 중요한 일부터 처리해나가는 것이 효율적이라는 것도 직접 느끼고 배워야 합니다. 계획을 세워 하나씩 해보는 연습을 하는 것입니다. 학교생활은 이런 능력을 기르는 과정이자 기회가 됩니다.

중학교, 고등학교 시절에는 공부만 하고, 이런 과정들을 부모가 대신 처리해준다면 당장은 편하겠지만, 과연 언제까지 그럴 수 있을까요? 대학생이 되고, 결혼생활을 하고, 직장생활을 하면서 많은 일들을 추진해나가고, 결정하고 그에 따른 책임을 지는 것은 온전히 자신의 몫이어야 합니다.

아이들은 중학생이 되면 차츰 부모로부터 독립하기 시작합니다. 사춘기라고 부르는 시기이기도 하지요. 이때는 자기 자신에 대한 고민이 시작되는 시기이기도 하고, 스스로 주도하여 실패도 해보고 성공도 해볼 수 있는 시기이기도 합니다. 학생 시절이 무엇보다 중요한 것은 이 때문입니다.

수행평가의 스타일은 다양하게, 그러나 너무 복잡하지 않게 하려고 노력합니다. 연수를 듣다가 아이디어를 얻기도 합니다. 방법은 간단하되, 학생들에게는 도움이 될 수 있도록 말이지요. 방법이 복잡해지면 본질적인 부분이 흐려질 수 있기 때문입니다.

수행평가의 본질은 '수업 시간에 다루는 내용'이라는 점입니다. 그러므로 대개는 난이도가 높지 않으며 학생의 학습태도와 준비 상태에 따라 점수가 크게 달라집니다.

중학교 수학, 수행평가를 공개하다

6

고등학교에서 근무할 때는 수행평가와 지필평가가 별다른 차이가 없었습니다. 시험 기간에 같이 이루어졌습니다. 50분 동안 수학 지필평가를 하고 나면, 그다음 30분이 '수학 수행평가' 시간이었습니다. 그 당시에는 국어지필/국어수행, 수학지필/수학수행, 영어지필/영어수행과 같이 과목마다 수행평가 30분이 붙어 있었습니다. 채점하는 양만 늘어났을 뿐이지요.

그런데 중학교로 옮기면서 수행평가 방식을 고민하게 되었습니다. 평가방식을 달리하면서 수행평가를 시험기간에 하는 것을 지양하고, 수업시간에 하는 것으로 바꾸어갔습니다. 또 과제 형식으로 하면 다른 사람이 해줄 수 있으므로 수업 시간 내에 끝내는 것을 지향하게 되었습니다.

그해에는 같은 학년을 가르치는 선생님이 저까지 3명이었고, 각 반마다 전달하는 것과 방법이 동일하게 이루어져야 했기에 교과 모임을 자주 했습니다. 또 당시에 학습지로 수업을 했기 때문에 수업 시간에 학습지 검사를 했습니다. 수업을 마치기 전에 학습지를 마무리하고 완성된 학생들부터 검사하는 것인데, 집중력도 높이고 틀린 부분은 바로 피드백을 해 줄 수도 있어서 좋았습니다. 몇 번만 검사하는 것이 아니라 한 학기에 40회 정도 했기 때문에, 반마다 학생들의 참여를 독려할 수 있어서 좋았습니다. 이 방법이 '포트폴리오' 부분이지요. 학생들이 수업 시간에 이루어내는 결과물들을 종합하여 채점하는 것입니다.

계산 연습이 필요하다고 판단되는 '연립방정식' 부분에서는 여러 개의 문제를 다양한 형태로 만들어서 '사다리 타기'를 하기도 했습니다. 또한 모둠 활동을 하면서 한 모둠에 4개의 같은 유형, 다른 문제를 주고 문제를 풀어보게 했습니다. 모둠 안에서는 도움을 주고받을 수 있으며 직접적으로 답을 가르쳐주어서는 안 되고, 어떻게 푸는지는 알려줘도 되는 방식이었습니다. 다른 학교에서 사용하고 있던 방식이었는데 좋아 보여서 벤치마킹을 한 것이지요. 그런데 아주 기본적인 계산을 어려워하는 친구들도 이 방식으로 하니 친구에게 풀이 방법을 배우려는 모습을 보였습니다. 점수를 내는 것이 목적이라기보다, 수업 시간에 배워야 할 내용을 익히는 데 목적이 있는 평가방법이었습니다.

한편 '삼각형의 내심과 외심' 부분에서는 직접 색종이를 접어서 삼각형의 내심, 외심을 찾아보고 탐구하는 시간을 가졌습니다. 수업 시간에 한 번 하고 넘어가면 기억이 잘 나지 않을 것 같아 연습을 하고, 수행평가로 진행했습니다. 이때는 내심에서 예각, 직각, 둔각삼각형, 외심에서 예각, 직각, 둔각삼각형으로 삼각형 종이가 6장 필요했는데, 삼각형을 직접 오리는 것부터 하면 시간이 안 될 것 같아 미리 오려주느라 칼질과 가위질을 엄청 했습니다. 학생이 140명 정도였으니까요.

이 수업은 '정의'를 이용해서 삼각형 종이를 접어 내심과 외심을 찾아보고 예각, 직각, 둔각삼각형에 따른 내심과 외심의 위치를 관찰하면서 내심은 항상 삼각형 안에 위치하고, 외심은 그렇지 않다는 것을 '발견'하게 하는 수업이었습니다. 오려진 삼각형, 컴퍼스, 풀, 인쇄된 평가 종이 등 챙길 것도 많고, 나눠주고 거둬들이느라 정신은 없었지만 아이들이 이 활동을 통해 조금이나마 수학의 맛을 알길 바랐습니다.

'직접 말해보는 것'을 평가로 연결하기로 했습니다. 문제는 상, 중, 하 수준을 각각 3개씩 미리 제시한 다음에 학생들이 문제풀이 연습을 하고, 발표할 문제는 스스로 선택해서 뽑는 것입니다. 그렇게 하니 적어도 3문제는 설명할 수 있도록 연습을 해야 했습니다.

말하기 평가를 하다 보면 문제를 잘 푸는 것과는 별개로 설명을 논리적으로 잘하는 학생이 있습니다. 또한 성적은 높지만 남들 앞에서 말을 하는 것에 부담을 느껴 목소리가 작아지거나 자신이 아는 것을 잘 표현하지 못하는 경우도 있습니다. 이렇게 수행평가를 진행하니 각 학생들의 특성까지 파악할 수 있었던 것입니다. 그래서 논리적으로 잘 설명했던 학생에게는 복도에서 마주쳤을 때 "와~ 설명 정말 잘하던데?"라는 칭찬을 해줄 수 있고, 앞에서 발표하는 것을 어려워하는 친구는 앞에서 발표하는 기회를 주면서 격려해줄 수도 있습니다. 이때 칠판에 판서도 같이 하면서 풀이하게 되면, 친구들은 모두 집중합니다. 항상 느끼지만 아이들은 선생님이 설명하는 것보다 친구들이 설명하는 것에 더 집중합니다. 저는 친구의 설명 중에는 틀린 부분을 지적할 수 없고, 설명을 하고 나서 잘못된 점이 있으면 말할 수 있도록 했습니다. 물론 친구들의 지적은 '잘못된 부분'에 대한 것이고, 발표자를 향한 공격이 아니라는 것을 충분히 이해시킵니다.

한편 교과서에 나오는 활동들로 수행평가를 구성하기도 합니다. 예를 들면 중학교 2학년 순환소수 단원에서는 악보에 나오는 도돌이표와 연관 짓기도 하고, 중학교 3학년 제곱근 단원에서는 칠교놀이를 이용해서 숫자 모양을 칠교로 나타낸 것을 보고 둘레의 길이를 구해보는 활동을 합니다. 칠교놀이가 무엇인지 모르는 상태에서도 답을 구할 수는 있지만, 만약 어릴 적에 가지고 놀았던 경험이 있다면 느낌이 다르겠지요.

수학 불안증후군 비하인드 스토리

저는 일주일 중에 목요일이 가장 힘듭니다. 이상하게 일주일 중에서 몸에 에너지가 부족하고 짜증을 많이 내게 되는 날을 유심히 살펴보니 항상 목요일이었습니다. 수요일까지는 일주일의 전반기라 활기차게 살아내는 것 같고, 금요일은 다음 날이 주말이니 마음이 즐거운데, 목요일은 뭔가 어중간한 것이 가장 하루를 보내기가 힘들었던 거지요. 그런 저에게 목요일을 기다리게 하는 이유가 생겼습니다. 바로 tvN에서 방영했던 〈슬기로운 의사생활〉이라는 드라마입니다. 지금은 종영했지만 대학병원에서 의사 친구 5명이 그려내는 마음 훈훈한 이야기입니다.

〈슬기로운 의사생활〉 시즌 2의 3화에는 은지 엄마가 등장합니다. 은지는 심장 이식을 기다리는 아이 중 한 명인데, 은지 엄마는 그 절망적인 상황에서도 다른 엄마들을 살뜰히 챙깁니다. 그렇게 자신이 챙기던 다른 엄마의 아이가 먼저 심장 이식을 받게 되자 축하하면서도 온전히 기뻐해주지 못하는 모습이 마음 아팠습니다. 그러다 드디어 은지도 심장 이식 수술을 받게 되고, 은지 엄마는 은지에게 심장을 준 그 아이에게 선물을 전달해달라고 교수님에게 부탁하면서 이런 말을 하더군요. 자신이 은지가 심장 이식 수술을 받을 수 있게 해달라고 기도할 때마다, 그렇게 되면 누군가는 심장을 주고 떠나야 한다는 것이니 마음이 무척 무거웠다고요. 생각해보니 그렇습니다. 한 생명이 심장을 받아 생명을 이어가기 위해서는 누군가는 그 심장을 주고 생명을 마감해야 한다는 전제조건이 깔려 있는 것입니다.

저도 고등학교 2학년 때 그런 생각을 한 적이 있었습니다. 야간 자율학습 시간을 버텨나가다가 옆에 있는 친구들을 보니, 문득 학교 안에서 치러지는 내신시험이라는 것은 옆자리에 있는 친구들과 경쟁상대가 되는 것이라는 생각이 들었습니다. 등급을 잘 받아야 좋은 대학에 갈 수 있는데, 내가 좋은 등급을 받는다는 것은 우리 반의 누군가가 성적이 떨어진다는 이야기라는 것을 깨닫게 된 것이죠. 긴 야자시간 동안 생각이 끝도 없이 이어졌습니다. 우리는 왜 이런 상황에 놓여서 친구의 성공을 마음껏 기뻐할 수 없고, 나의 성공을 마음껏 표현할 수도 없는가 싶었습니다. '배움을 위한 공부'가 아니라 '경쟁을 위한 공부'를 하고 있다는 생각에 더욱 공부가 하기 싫고, 도망치고 싶었습니다.

그런데 이후 담임 선생님, 그리고 학교 내의 수녀 선생님과 긴 이야기끝에 스스로 깨닫게 되었습니다. '친구들과 경쟁하는 이 분위기가 싫다'는 그럴듯한 표면적인 이유 밑에는 사실, 이번 시험을 감당할 자신이 없다는 마음이 들어 있다는 것을 말이지요. 수녀님의 다독거림 덕분에 일단 그 시험까지는 버텨보기로 했고, 결과적으로 늘 받던 만큼의 점수를 받았습니다. 그리고 놀랍게도 시험이 끝나고 나니 시험에 대한 불안감으로 인해 생겨났던 생각들이 거짓말같이 사라지더군요.

그렇게 한때는 학교를 떠나야겠다고 생각했던 저는 이제 교사가 되어서 학교로 돌아왔습니다. 입시제도는 그때와 크게 달라지지 않았습니다. 오히려 수시전형이 늘어나면서 학교에서 치르는 내신의 중요도는 더 커졌습니다. 고등학교에서 근무하다 보면 간혹 예전의 저와 비슷한 생각을 하고 있는 학생들을 만나게 되기도 합니다. 그 시기의 내가 떠올라 안타깝기도 하고, 그때의 나를 만난다면 무슨 이야기를 해줄 수 있을까 싶기도 합니다. 우선은 그 시기를 버텨내야 한다는 말밖에 달리 떠오르지 않습니다.

지금의 입시제도가 같은 나이의 아이들을 한 냄비 속에 모두 넣어놓고 거기서 빠져나오는 체력과 정신력을 가진 아이들이 승자가 되고, 체력이 약하거나 정신력이 약하면 그 안에 남아서 사라지는 서바이벌 게임 같기도 합니다. 부모님의 도움을 받을 수 있는 아이들은 좀 더 낫겠지만, 대부분은 그렇지 못하고 혼자서 이겨내거나 져야 하는 상황입니다.

이런 상황에 학생들을 넣어두고 왜 아무도 고칠 생각을 하지 않는지, 어른들은 얼마나 무책임한 것인지 생각했던 시절이 지나고 이제 내가 어른이 되었는데, 여전히 막막합니다. 부디 아이들이 자신들의 멘털을 잘 지켜나가길 바랄 뿐입니다.

혹시나 우리 아이가 언젠가 학교를 그만두고 싶다고 말할지도 모릅니다. 한 번쯤 그런 생각을 해본 아이들도 많을 겁니다. 아침에 일어나는 것이 힘들어서일 수도 있고, 성적 스트레스가 심해서일 수도 있고, 아니면 친구 문제 때문일 수도 있습니다. 다양한 이유로 아이들은 학교를 그만두고 싶어 합니다. 저 역시 그런 경험을 했기에 충분히 이해가 됩니다.

그럴 때 부모님께서는 절대로 "시간이 지나면 괜찮아진다."라고는 말하지 않아야 합니다. 시간이 지나면 괜찮아진다는 건 진리이지만, 그것은 시간이 지나고 나야 알 수 있는 말입니다. 아이들은 현재 학교를 그만두고 싶다는 감정에 머물러 있는데 "시간이 지나면 괜찮아져."라고 하면 "지금 이렇게 힘든데, 어떻게 더 기다리란 말이냐!" 하고 반항심만 들 뿐입니다.

그러므로 어떤 일로 힘든지에 따라 다르겠지만 부모님께서는 "괜찮아. 실패해도 돼. 못해도 돼. 엄마 아빠가 도와줄게! 우리는 언제나 네 편이야. 그럴 수도 있어."라는 것을 말과 행동으로 아이에게 표현해주어야 합니다. 아이가 성장통을 겪고 커가는 과정에서 그런 부모의 응원과 포용은 분명 좋은 진통제가 되어줄 것입니다.

힘들어서 비구니가 되겠다고 했던 저는 수녀님의 한 마디 말에 그 시기를 넘길 수 있었습니다. 당시 수녀님께서는 이렇게 말씀해주셨지요.

"일단 해봐, 해보고 안 되면 다시 와. 내가 우리나라에서 제일 훌륭한

스님한테 데리고 가줄게."

살면서 힘든 일이 생길 때마다 지금도 제게는 마음속의 피난처가 된 수녀님의 그 말이 떠오릅니다. 감사합니다. 수녀님.

66 수학을 배우는 이유는
단지 해당 단원의 내용을 알거나
문제의 답을 찾아내는 것보다
문제를 해결하는 과정에서
얻어지는 문제 해결 능력과 논리력을
키우기 위한 것입니다. 99

|5부|

처음부터 다시!
선생님의 수학 공부 이야기

선생님도 수학이 어려웠어요

앞에서도 이야기했지만 저는 고등학생 때 공부 방법이 옳지 않다는 걸 인지했지만 바꾸지 못했고, 그 상태로 결국 성적에 맞는 대학의 수학 교육과에 진학했습니다. 대학교에 입학하면 자연스럽게 대학생의 공부 방법을 익히는 줄 알았던 거지요. 하지만 아무도 대학생은 어떻게 공부하는지 알려주지 않았습니다. 그러니 여전히 고등학생 때 공부하던 방법대로 공부했습니다. 수업을 열심히 들으면서 필기하고, 그것을 암기하고, 암기한 내용으로 시험을 쳤습니다.

만약 결과가 좋지 않았다면 얼른 정신 차리고 방법을 바꾸었을지도 모릅니다. 그런데 대학교에는 교수님마다 내려오는 시험 문제 족보가 있었고, 그 시험 족보만 제대로 풀고 공부하면 성적이 잘 나왔습니다. 그래서 그때도 공부 방법을 바꿀 기회를 놓쳤습니다.

그렇게 4년의 대학 시절을 보내고, 제대로 공부한 것 같지 않다는 느낌을 가진 채 임용시험을 치게 되었습니다. 그런데 시험을 치고 나오면서 곧바로, 당연히 떨어졌다는 것을 알았습니다. 앞에서 얘기했지만 준비 부족과 엄청난 불안감으로 좋지 못한 점수를 받았고, 그대로 더 이상 임용시험을 치지 말고 포기해야겠다고 생각했습니다.

부끄러움과 함께 스스로에 대한 실망감으로 한 달간 방에서만 지냈습니다. 밥 먹고 화장실 갈 때를 빼고는 나오지 않았습니다. 울다가 나중에는 우는 게 지겨워서 서점에 갔습니다. 그때 고른 책이 일본 작가 유키 히로시가 쓴 『수학걸』과 『수학 홀릭 페르마의 마지막 정리』였습니다.

책을 읽으면서 주인공들이 수학을 하는 모습을 보았습니다. 수학을 한다는 것은 머릿속에서 일어나는 일이기 때문에 사실 '문제 푸는 모습'은 볼 수 있지만, 그때 머릿속으로 어떠한 과정이 일어나는지는 알 수 없습니다. 그러니 제대로 공부하는 것을 본 적이 없는 것이었습니다. 그 과정은 책으로 누군가 설명해놓았을 때 비로소 만날 수 있었던 것입니다.

지금까지 나는 무엇을 하고 있었는가 하는 생각이 들었습니다. 그저 앵무새처럼 따라 외우기만 했지, 한 번도 내 머리로 생각한 적이 없었다는 생각이 들었습니다. 늘 책에 나와 있는 내용을 그대로 받아들이기 바빴다는 것을 깨달았습니다. 그렇게 책 두 권을 읽고 나니 슬며시 다시 수학 공부를 해볼까 하는 마음이 들었고, 그때 공부 방법을 바꾸기로 했습니다. 임용시험의 실패를 맛보고 정신을 차린 것입니다. 이제라도 바꿔야 한다는 것을 알게 된 거지요.

그래서 수학 9개의 과목에서 마음에 드는 기본서를 한 권씩 샀습니다. 앞에서 설명했던 것처럼, 처음에 개념을 읽고 직접 종이에 개념을 적어보는 방법으로 기본서를 읽어나갔습니다. 책에 나오는 보조정리와 정리를 재구성하여 이해하기 쉽게 정리했습니다.

물론 증명과정도 적어보았습니다. 중간중간에 나와 있는 연습문제를 풀면서, 풀기 힘들면 다시 개념을 보면서 적용시켰습니다. 자세한 설명이 나와 있는 고등학교 문제집 해설서와 달리 대학 교재에 나와 있는 해설은 굉장히 부실합니다. 해설은 거의 없고 답만 나와 있는 경우가 많거나, 심지어 답이 틀린 경우도 많습니다. 혼자서 풀어볼 수밖에 없는 상황이지요.

처음에는 진도가 느렸습니다. 기본 개념부터 다시 잡아가야 했기 때문입니다. 현대대수학, 해석학, 위상수학의 세 과목이 핵심인데, 이 과목들을 먼저 정리하고 나머지 여섯 과목도 중요한 내용을 중심으로 개념 정리를 했습니다.

그렇게 한 번 정리하면서 공부하고 나니 6월이 되었습니다. 모든 과목을 한 번 보고 난 이후의 계획은 딱히 없었고, 날씨는 더워지고 과연 합격할 것인지 불안하기도 한 마음에 슬럼프가 찾아왔습니다. 그래서 이번에는 인터넷 강의를 하나 듣기로 했습니다. 7월, 8월에 문제풀이반이 개설되기 때문에 공부한 내용을 정리해볼 수 있었습니다.

처음 임용시험을 준비할 때는 혼자 문제 푸는 시간 없이 인터넷 강의를 보면서 문제풀이를 적었습니다. '공부'를 하지 않고 '수업'만 들은 겁니다. 그러나 이번에는 문제를 인쇄해서 직접 풀어보고 나서 인터넷 강의를 들었습니다. 미리 문제를 풀어봤기 때문에 강의를 들을 때는 문제에 접근하는 방식을 나와 비교해보았고, 틀린 문제는 어떤 부분에서 잘못 생각했는지 빨간색 펜으로 적었습니다.

예전에는 복습할 때 강사가 풀어준 대로 풀이과정을 암기할 생각뿐이었습니다. 그러니 문제해결력이 길러지지 않았습니다. 공부를 하고 나면 피곤했지만 뿌듯함은 느낄 수 없었지요. 그렇지만 이번에는 복습할 때 빨간색 펜으로 적힌 부분에 초점을 두면서 틀린 문제에 해당하는 개념 부분의 A4용지 뒤에 문제를 추가해나갔습니다. 그렇게 하다 보니 내가 어떤 부분의 개념이 약한지 자연스럽게 알 수 있었고, 반복적으로 나오는 개념은 자주 보다 보니 저절로 익혀졌습니다. 물론 그러면서 중요한 개념들은 암기했습니다. '수학도 암기과목'이라고 이야기할 때의 '암기'는 이렇게 개념을 확실히 이해한 뒤에, 잊지 않게 외워둔다는 것이지요.

9월이 되어 모의고사 시기가 다가왔습니다. 이때는 공부한 자료를 훑어보면서 7, 8월에 문제풀이를 할 때 추가된 개념을 다시 확인했습니다. 그러면서 모의고사를 한 회분씩 풀었습니다. 수학에서 개념을 이해했는지 못했는지는 문제풀이를 할 수 있느냐 없느냐로 판단됩니다. 그러니 문제를 많이 풀어보아야 하지요. 전년도 모의고사 시험지도 구해서 풀어보고, 틀린 부분을 확인했습니다.

드디어 두 번째 임용시험 날짜가 다가왔습니다. 1차는 객관식, 2차는 논술, 3차는 면접 및 수업 실연이었습니다. 1차 시험이 예정일보다 한 달 정도 앞당겨졌지만, 빨리 끝내고 싶은 마음이 커서 오히려 좋았습니다. 시험을 앞두고 2주 동안은 직접 정리한 개념을 반복하면서 완전하게 이해했다 싶은 부분은 빼고, 자신 없는 부분만 간추리는 작업을 계속했습니다. 시간이 지나니 틀린 문제들을 모아두었던 바인더가 점점 날씬해지기 시작했습니다. 그리고 다행히 1차 고사는 합격선보다 20점 정도 높은 점수로 무난히 합격했습니다.

다음 2차 고사는 논술로 진행되기에 걱정스러웠습니다. 그러나 이때도 믿을 구석은 내 손으로 직접 정리한 개념 노트뿐이었습니다. 어차피 논술 문제는 문제 수가 적기 때문에 중요한 부분에서 나올 것이라고 판단했습니다. 전체 과목 중에서 틀린 문제가 많았던 개념과 각 과목에서 기본이 되는 개념을 추려내어, 완벽하게 익히기로 했습니다.

이때 암기를 했습니다. 개념을 공부한 다음 A4용지 한 장을 꺼내두고 빈 종이에 내가 그 개념에 대해 알고 있는 것을 모두 적었습니다. 그런 다음 개념 노트를 보면서 빠뜨린 것이 있는지 계속 비교해가면서 외우는 과정을 한 달 정도 했습니다. 마지막에는 그렇게 적은 A4용지 5장 정도가 손에 남았습니다. 시험 치는 당일 아침에 그 종이를 가지고 가서 봤는데, 거기에 적혀 있던 개념과 관련된 문제가 2개 정도 나왔습니다. 조금 어렵기는 했지만 차분하게 문제를 풀어냈고, 감사하게도 2차도 통과했습니다.

조금 길게 제 공부과정을 자세히 적었지만, 우리 학생들에게도 도움이 될 거라고 생각합니다. 결국 수학을 학습할 때 중요한 것은 '개념'과 '반복'이니까요. 저 스스로 그것을 온몸으로 경험했던 시험공부였습니다.

교사가 된 뒤
강의식 수업에 한계를 느끼다

2

　3월의 새 학기가 시작되기 2주 전, 첫 학교에 발령을 받았습니다. 시험에 합격했다는 기쁨과 첫 제자들을 만난다는 설렘으로 가득한 채 새 학기를 시작했습니다. 그런데, 놀랍게도 당시에는 수업에 대한 고민을 전혀 하지 않았습니다. 가장 중요한 것이 수업준비였는데도 말이지요. 교직생활 중 새 학년을 시작하면서 가장 마음이 가벼웠던 때가 아닌가 싶습니다.

　학교에 출근해서 교과서를 받고, 그제야 중학교 2학년 교과서를 보면서 비로소 아이들에게 어떤 내용을 가르쳐야 할지 생각했습니다. 처음에는 판서할 내용을 노트에 정리하고 문제를 한 번 풀어보는 것이 교재연구의 시작이자 끝이었습니다. 6년 동안 중학교와 고등학교에서 수학 수업을 받아왔고, 어떻게 수업이 진행되는지 알고 있었으니까요. 내가 배워

왔던 방법 그대로 수업을 하면 된다고 생각했고, 그렇게 했던 것입니다. 3월 한 달 동안 큰 소리로 수업을 하다 보니 목이 아파서 나중에는 마이크를 사용했다는 점 정도가 달랐을까요.

38명의 남자 중학생들이 있는 교실에서 아이들에게 수업 내용을 전달하기 위해서는 목소리를 크게 내야 한다 생각했고, 그렇다 보니 목이 너무 아파서 도저히 수업이 안 되어 공동구매로 마이크를 구매했습니다. 하지만 지금 생각해보니 마이크를 사용한 것이 학생들의 집중도를 떨어뜨렸던 것 같습니다. 움직이는 동작에 따라 '삐－' 하는 소리가 들리니 얼마나 수업에 집중하기 힘들었을까요.

그렇게 몇 달이 지나자 슬슬 수업에 대해 고민이 시작되었습니다. 주변 선생님께 여쭈어보니 교재연구를 많이 해야 한다고 대답해주셨지만, 저는 어떻게 해야 할지 감이 잡히지 않아 답답했습니다. 그 전까지 교실에서 학생들을 대상으로 실제로 수업을 해본 것은 교육실습생 시절 2주 정도의 경험뿐이었으니까요. 처음에는 조금 어려운 문제집을 사서 풀어보기도 했습니다. 그런데 그것도 쉽지 않았습니다. 더 큰 문제는 공허함이었습니다. '선생님이 되어야지!'라고만 생각했고, 그 이후의 모습에 대한 준비가 없었던 것입니다. 임용시험을 준비할 때 어려운 수학을 공부하면서 생각했던 모습과 실제 학교에서 가르치는 수학 내용 사이에도 괴리감이 느껴졌고, 머릿속에 그리던 교직생활과 현실 사이의 괴리감은 그보다 더 컸기 때문입니다. 그러다 그런 마음을 채우기 위해 책을 읽기 시작했습니다. 책을 빨아들인다는 느낌으로 읽기 시작했습니다.

첫 해가 그렇게 지났습니다. 아이들에게 많은 사랑을 주는 선생님이 되고 싶었지만 아이들을 통제하기 어려워 울기도 했고, 목이 쉬어가며 수업했지만 큰 성과도 없이 보낸 한 해였습니다. 미안한 마음이 가득한 그곳을 떠나 제대로 해보고 싶다는 생각이 들었습니다. 남자 중학교에서 이번에는 여자 고등학교로 발령받게 되었습니다.

이번에는 환경이 바뀌었으니 저도 달라지려고 했습니다. 2년차 교사에게는 힘든 일이지만, 무작정 웃어주기보다는 엄격함을 가지고 싶어 애썼습니다. 모둠학습과 협동학습에 대한 책을 사서 읽어보았지만 한 번도 경험해보지 못했기에, 어느새 다시 내가 받아온 모습 그대로의 수업을 하게 되었습니다.

당시 제가 추구하는 수학 수업은 '아이들이 웃음을 띠면서 즐겁게 이야기하고 발표하는 모습'이었습니다. 레크리에이션 강사 자격증이라도 따야 하나, 하는 생각도 했습니다. 스스로 재미있는 사람과는 거리가 멀다고 생각했지만, 아이들을 웃게 하는 교사가 되고 싶었던 것입니다. 재밌는 수업을 하고 싶었고, 아이들이 좋아하는 인기 있는 선생님이 되고 싶기도 했습니다. 하지만 그렇게 애써 수업을 하고 교무실로 가는 복도에서는 오히려 힘이 빠졌습니다. 저는 제가 아닌 모습을 연기하기 위해 '페르소나', 가면을 쓰고 애썼던 것 같습니다.

결국 '나는 웃긴 사람이 아니다.'라는 것을 받아들이고, 웃긴 선생님이 있으면 진지한 선생님도 있다는 생각으로 마음을 내려놓았습니다. 아이를 낳으면서 인기에 연연하지 않게 되었던 것 같기도 합니다. 또 수학

교사로서 내가 할 일은 아이들이 수학과 가까워질 수 있게 노력하는 것이라는 의미를 스스로 부여할 수 있었기 때문입니다. 그러자 오히려 마음이 편했습니다. 학생 때도 아이돌 이름을 잘 몰랐는데 아이들과 공감하기 위해 억지로 아이돌 이름을 외워야 하는 건지, 언제까지 그렇게 해야 하는지 막막했던 마음도 내려놓았습니다.

그렇게 선생님이 되고 3년간은 고군분투의 시간이었습니다. 사회생활도 처음이라 놓치는 부분도 많았을 테고, 실수도 많았습니다. 업무도 어렵고, 수업도 어려웠습니다.

하지만 초보 선생님이었기에 할 수 있는 일들도 벌였습니다. 중학교에 있을 때 시험 기간이 끝나면 반 아이들과 학교에 남아서 짜장면과 탕수육을 시켜 먹고, 체육관을 빌려서 반 체육대회를 했습니다. 한 부모님이 아이들 먹으라고 수박을 가져오셔서 강당에서 그걸 잘라서 나눠먹었던 순간도 잊을 수 없습니다. 밤에 아이들을 집에 보내고, 돌아가면 모두 문자를 달라고 해서 한 명 한 명 확인하던 그때의 마음도 잊지 못합니다. 학급 운영기술도 부족하고, 수업도 부족했지만 마음만은 흘러넘쳤습니다. 심지어 3월 초에는 주말에 반 아이들이 보고 싶어서 빨리 월요일이 다가오기를 기다리기도 했습니다.

가르치는 사람이 있으면 배우는 사람이 있습니다. 그런데 가르치는 일과 배우게 하는 일은 같은 걸까요? 가르치는 일이라고 생각하면 '가르치는 사람'에게 집중하게 되지만, 배우게 하는 일이라고 생각하면 '배우는 사람'에게 집중하게 됩니다. 이것은 눈으로는 보이지 않는 마음의 문제이지만, 어떤 마음을 가지느냐에 따라 같은 시간을 보내는 데에도 다른 영향을 미칠 것이라고 생각합니다. 저는 가르치는 일보다는 배우게 하는 일에 더 마음을 쏟고 싶었습니다.

수학책을 읽으니 수학이 다시 보이다

3

아이를 낳고 2년의 육아휴직을 거쳐 2016년에 복직을 했습니다. 돌아온 학교의 분위기는 사뭇 달라져 있었습니다. 2015년 봄에 *KBS 1TV*에서 '거꾸로 교실'과 관련된 프로그램이 방영되면서 학교 분위기가 많이 달라진 겁니다. 시대의 흐름에 따라가야 했습니다. 또 2년간의 육아휴직 기간 동안 교사라는 제 역할에 대해 더 진지해진 상태였기에, 저도 다양한 연수 프로그램을 경험하면서 열심히 공부하며, 수업에 적용할 만한 것들을 고민했습니다. 그러자 학생들도 재미있어 하면서 적극적으로 참여했습니다.

그런데 분명 수업은 재미있었는데, 성적은 그렇지 않았습니다. 그림을 그리고 색칠하고 게임하면서 수업에 즐겁게 참여한 것이 시험성적과 연관되지 않는다는 사실이 씁쓸했습니다. 분명 수업 시간에 열심히 참여했다면 그에 따른 성과도 좋아야 하는데, 그렇지 않았습니다.

다시 생각해봐야 했습니다. 수학 수업에서의 즐거움이란 하하 호호 웃는, 그런 게 아닐지도 모른다는 생각이 들었습니다. 수학이라는 학문의 특성상 스스로 생각하고 어떤 문제를 고민하고 해결방법을 찾아나가면서 얻을 수 있는 즐거움이어야 하겠지요. 큰 웃음을 터뜨리는 것이 아니라 혼자만 알 수 있을 정도의 미소를 머금는 웃음이라 해도, 수학이 주는 즐거움을 맛보게 해야 한다는 생각이 들었습니다. 그러려면 처음 시작 5분이 수학과 아이들을 만나게 해주는 시간이 되어야 했습니다. 그래서 그 이후 학습지를 구성하면서도 수업 초반부에 호기심을 불러일으킬 만한 문제를 찾는 데 애를 썼습니다.

수업에 대한 생각이 바뀌고 나자 저부터 수학과 관련된 책을 읽어야겠다는 생각이 들었습니다. 신규교사 때 "자신의 전공 분야와 관련된 책 100권을 읽으면 전문가가 된다."라는 글을 본 적이 있습니다. 당시에는 그냥 넘겼지만 이제는 그 말이 다가왔습니다. 그때 가르치던 단원이 [확률과 통계]의 '통계적 추정' 부분이었는데, 중요한 내용인데도 교과서에는 공식으로만 간단히 나와 있어서 잘 이해가 되지 않을 것 같았습니다. 수업 내용을 풍성하게 만들고 싶었던 저는 책을 읽기로 했습니다. 교과서와 문제집만 볼 때보다 책을 통해 읽으니 저도 재미있었고, 아이들도 그 에너지를 느껴 반응이 좋았습니다.

다음은 2017년 8월에 『통계가 빨라지는 수학력』을 읽고 적은 글입니다(당시에는 수학 수업을 수준별 수업으로 진행했기 때문에 '상반수업', '하반수업'이란 표현이 있습니다).

"올해 확률과 통계를 가르칠 때 앞부분(순열과 조합, 확률)에는 상반수업을 하고, 통계 부분에서는 하반수업을 하게 되었다. 작년에도 느꼈지만, 앞부분에 대한 수업연구는 많이 되어 있는데, 통계 부분에서는 아쉬움이 남는다. 그래서 이 부분을 다시 재구성해서 학생들의 흥미를 유발하도록 수업하고 싶었는데, 이 책을 읽고 마치 '유레카!'를 외치는 듯한 느낌이었다. 이 책 내용을 바탕으로 학생들에게 통계수업을 하면 되겠구나 싶었다. 소장하고 있으면서 통계 관련 수업을 할 때마다 보면 좋겠다는 생각이 든다. 통계 부분에서 책 읽는 수행평가를 한다면 이 책을 해야지."

교과서에서 읽었지만 정확한 의미를 파악하기는 힘들었는데 다른 책으로 자세히 설명을 읽고 나니 교과서에 적힌 문구를 자연스럽게 설명할 수 있었습니다. '모평균 m에 대한 신뢰도 95%의 신뢰구간(confidence interval)'이라는 말은 크기가 n인 표본의 추출을 되풀이하여 신뢰구간을 구하는 일을 반복할 때, 구한 신뢰구간 중 모평균을 포함하는 것이 약 95%로 기대된다는 뜻입니다. 신뢰구간 95%의 의미는 '구간 $a \leq N \leq b$에 정말 N으로 가능한 것이 95%로 들어간다.'는 의미가 아니라 구간추정이라는 과정을 계속 실행하면 관측값에 대응하는 여러 구간을 구할 수 있지만, 그 100번 중 95번은 N이 구해지는 구간에 들어간다는 의미입니다. 교과서에 있더라도 '궁금증'을 가지고 보느냐, 그렇지 않으냐에 따라 다르게 읽힐 것이란 생각이 들었습니다.

다음은 2017년 12월에 『세상에서 가장 쉬운 통계학 입문』을 읽고 써 놓은 글입니다.

"이번에 시험 끝나면 2학년 인문반 학생들에게 통계 부분을 가르쳐야 한다. 만약 학생들이 통계 관련 수업을 듣고 나서 통계와 관련하여 조금 더 관련된 공부를 해보고 싶다고 하면 이 책을 추천하면 되겠다. 물론 1부에 있는 건 내용이 괜찮았지만, 2부에 있는 내용은 내가 이해하기에도 어려운 부분이 있다. T검정은 대학 다닐 때 통계 부분에서 다루고 그 뒤로는 한 번도 공부해본 적이 없기 때문이다. 그래도 심층적으로 통계 관련된 내용을 학습하고 싶다면 이 책이 좋을 것이다. 연습문제도 포함되어 있어서 더 좋다."

자료가 흩어져 있는 정도를 하나의 수로 나타낸 값을 '산포도'라 하는데, 중학교 3학년 과정에서 산포도의 종류로 '분산'과 '표준편차'를 배웁니다. 분산은 어떤 자료의 편차의 제곱의 평균이고, 표준편차는 분산의 음이 아닌 제곱근입니다. 이때도 식을 보고 구해보는 것에서 더 나아가 '왜' 분산을 구한 다음에 표준편차를 또 구하는지 생각해보아야 합니다. 이 책에는 그 이유로 두 가지가 제시되어 있습니다. 첫째는 분산이 흩어져 있는 상태를 나타내는 수치로는 너무 크다는 점이고, 둘째는 단위가 달라진다는 점이었습니다. 원래 데이터의 단위는 '분'인데, 분산에서는 제곱을 했기 때문에 '분²'이 되는 것입니다. 단위를 통일시켜주기 위해서인 겁니다. 하나의 예를 가지고 설명하니 학생들에게 공식으로 전달할 때와는 확실히 느낌이 달랐습니다.

이 경험을 한 후 수학 관련 책들을 더 읽었습니다. 10권을 읽으니 '수학책 중에도 재미있는 책들이 있네?' 하는 생각이 들었습니다. 30권을 읽으니 구체적인 목표가 생기게 되었습니다. '5년 동안 수학 관련 책 100권 읽기'라는 혼자만의 프로젝트를 시작하게 된 것입니다.

50권을 읽고 나니 책을 분류해야겠다는 생각이 들었습니다. 처음에는 대학 수학에서 배우는 내용을 기준으로 나누었습니다. 그런데 수학자, 수학 내용, 역사적 사실 등 나누기 힘든 부분들이 많아지자 분류 기준을 몇 번 바꾸어보았습니다. 그러다가 결국 정리된 것이 이 책을 누구에게 추천해주고 싶은지에 따라 분류하는 것입니다. 그렇게 추천대상에 따라 '초등학생, 중학생, 고등학생, 수학전공 대학생, 수학 교사, 학부모님, 일반인'으로 분류하니 깔끔하게 정리가 되었습니다.

2017년에 시작한 이 프로젝트는 2021년 가을에 마무리되었습니다. 어쩌면 이 책을 쓰게 된 것도 열심히 책을 읽고, 그 책들을 분류하면서부터 그 싹이 움트지 않았을까 싶습니다.

같은 재료로 요리해도 요리사마다 레시피가 다르듯이 같은 내용의 수업이라도 선생님마다 방법이 다릅니다. 간장 한 술, 양파 한 조각, 마늘 한 쪽을 넣어 감칠맛을 낼 수도 있고, 최소한의 양념으로 본 재료의 맛을 느끼게 할 수도 있습니다. 무엇이 좋은지는 사람마다 다릅니다. 본 재료의 맛을 느끼게 해주려면 무엇보다 그 재료가 어떤 효능이 있는지, 어떻게 먹어야 맛있는지 누구보다 잘 알아야 합니다. 학생들이 여러 양념이 버무려진 수학이 아니라 있는 그대로의 '수학'을 만났으면 합니다. 그러려면 제가 먼저 계속 수학과 친해져야 할 듯합니다.

초등수학의 중요성을 발견하다

고등학교에서 근무할 때 교육대학교를 지망하던 학생이 면접 기출문제를 보고 제게 물은 적이 있습니다. 정확히는 기억나지 않지만 "1+1은 왜 2냐고 묻는 학생에게 어떻게 대답해줄 것인가?"라는 뉘앙스의 문제였습니다. 10년이 다 되어가는데도 그 장면이 기억나는 건 제가 대답을 제대로 해주지 못했기 때문일 겁니다.

중학교에서 근무할 때, 가르치는 내용을 그 전 단계의 내용과 연관 지어 설명하고 싶었습니다. 그래서 초등학교 교과서를 모두 구입했지요. 하지만 일부러 시간을 내어 들춰보기가 쉽지 않았습니다. 그러다가 아이가 초등학교 입학을 앞두게 되자 '지금이야말로 초등학교 수학에 대해 알아볼 시간이다'라는 생각이 들었습니다(아이에게 가르쳐주기 위해서가 아니라 제 공부를 위해서입니다.) 그래서 교과서와 함께 관련된 책들을 읽어보았습니다.

『부모는 쉽게 가르치고 아이는 바로 이해하는 초등수학』을 읽으니 재미를 느낄 수 있었습니다. 이 책에 나와 있는 것을 바탕으로 함께 이야기해볼 질문을 정했습니다. 그리고 '우리 생활에서 숫자가 사라진다면 어떤 일이 나타날까?'부터 시작해서 지문을 읽고 숫자가 어떻게 생기게 되었는지도 이야기를 나누어봅니다.

> 석기 시대에 살았던 한 남자가 사냥을 마치고 동굴로 돌아와 아내에게 이렇게 말했어요.
> "토끼, 토끼, 토끼, 토끼를 잡아왔어." 그러자 아내는 "고마워요, 고마워요, 고마워요."라고 대답했답니다.

등호의 기호(=)에 대한 설명이 나와 있는 부분을 통해 아이와 '왜 서로 같다는 것에 = 라는 기호를 이용할까?'에 대해서도 이야기해보았습니다. 등호를 발명한 영국 수학자 로버트 레코드(Robert Recorde)는 "같은 길이의 선 2개보다 똑같은 사물은 없다."라는 표현으로 설명했다고 합니다. 이 책을 통해서 만든 질문들에 대해 하루에 하나씩 이야기를 나누었습니다.

다음으로 『엄마의 수학 공부』란 책을 보고 나니 연산과 관련된 생각이 바뀝니다. 그저 덧셈, 뺄셈, 곱셈, 나눗셈만 할 수 있으면 된다고 생각했는데, 그 안에 들어 있는 개념이 이렇게 깊이가 있다는 걸 처음 알았습니다. 중고등학생 때 수학을 잘하려면 초등수학을 제대로 해야 한다는 것의 의미를 조금은 깨닫게 된 것입니다. 저에게 뺄셈은 그저 덧셈의 역연산이었습니다. 하지만 초등학생에게 '덧셈은 뺄셈의 역연산'이라고 말해줄 수는 없지요. '역'이 뭔지, '연산'이 뭔지 모르니까요.

뺄셈에는 세 가지 의미가 있다는 것도 알았습니다. '제거', '전체-부분', '비교'로 나눌 수 있습니다. 기본적으로 뺄셈이라고 하면 '제거'의 의미로 생각합니다. 묶음의 일부를 제거한 후 나머지가 얼마 남았는지를 묻는 식이지요. 주로 사용하는 단어도 '없애다'입니다. '전체-부분'은 '사람이 10명 있는데 남자가 4명이다. 그러면 여자는 몇 명일까?'라는 질문이 이에 해당합니다. 두 유형의 사물이 나오는데 두 유형의 사물을 모두 합한 개수와 한 유형의 사물 개수를 알려준 뒤 나머지 한 유형의 사물 개수를 묻습니다. 뺄셈의 나머지 하나의 의미는 '비교'입니다. '민수에게는 사탕이 3개 있고 윤희에게는 사탕이 5개 있다. 윤희는 민수보다 몇 개 더 많을까요?'와 같은 상황을 말합니다.

나눗셈은 초등학교 수학에서 중요한 개념인 '분수'와 연관되어 있습니다. 나눗셈은 의미에 따라 '등분제(다른 단위끼리의 비율)'와 '포함제(같은 단위끼리의 비율)'로 구분됩니다. '등분제'에서는 각각의 묶음에 들어가는 '낱개의 개수'를 묻고 포함제에서는 일정한 낱개를 포함하는 '묶음의 개수'를 묻습니다. 일상생활에서는 주로 등분제를 사용하지요. 여러 사람에게 물건을 똑같이 나눠줘야 하는 상황에서 사용하기 때문입니다. "연필 6자루를 아이 3명에게 똑같이 나누어주려고 한다면 한 사람

이 연필을 몇 자루씩 가질 수 있을까?"와 같은 상황입니다. 여기에서는 6
÷3으로 표현할 수 있고 6÷3=2는 2+2+2=6과 같습니다.

'포함제'는 말 그대로 몇 번 포함되는지를 묻습니다. "선생님이 연필 6
자루를 아이들에게 3자루씩 나누어주었습니다. 몇 명에게 나누어줄 수
있을까요?"에 해당합니다. 수식은 똑같이 6÷3=2이 되지만 덧셈으로 표
현하면 3+3=6과 같은 것입니다.

더 나아가 책에 제시된 '개념학습법'으로 초등학교 1학년부터 6학년
까지 나오는 개념을 정리합니다. 의미를 찾아보고, 교과서도 보고 중학
교, 고등학교에서 배우는 수학과 어떻게 연결되는지도 생각해봅니다. 예
를 들어 초등학교 3학년 때 도형에 대해 배웁니다. 실제 변과 꼭짓점이
있는 도형에서 변이 벌어진 정도가 '각'의 크기입니다.

각의 크기를 나타내는 방법은 다양합니다. 대표적인 각도 단위로는
DEG, *RAD*, *GRAD*가 있습니다. *DEG*는 디그리(*degree*), 즉 각도라는
뜻을 가진 단어의 약자입니다. 원 한 바퀴를 360도라고 정했을 때 쓰는
것입니다. 중학교 때까지는 이 단위를 쓰는 60분법으로 나타냅니다.

*RAD*는 라디안이라는 각도인데, 고등학교에서 배웁니다. 호의 길이가
반지름의 길이와 같은 호를 잡을 때, 호에 대한 중심각의 크기를 1라디안
이라 정의하고, 이걸 단위로 측정한 각 측정법을 '호도법'이라고 합니다.
중학교 때 삼각비를 다루면서 $sin60°$, $cos30°$ 같은 값을 알아봅니다. 고
등학생이 되면 이 내용이 삼각함수로 이어지는데, 이때 정의역이 실수가
되어야 합니다. 즉 x축에 들어가는 각이 실수가 되어야 하기 때문에 $60°$

로 나타내는 60분법이 아닌 $\frac{\pi}{3}$처럼 실수로 만들어주는 것이지요.

$GRAD$는 19세기 유럽에서 사용하던 각도인데, 90도를 $100gon$으로 표시하는 방법입니다. 60진법이 아닌 10진법을 사용하는 보다 현실적인 방법이지만 표준화되지 않은 각도입니다.

이 외에도 군부대에서 대포나 미사일을 쏘는 포병은 가장 정밀하게 측정을 해야 하는데, 이때 쓰는 단위 중에 밀(mil)이 있습니다. 이처럼 각의 크기를 나타내는 방법으로 60분법 하나만 아는 상태에서 이야기를 나누는 것과, 여러 가지 방법들 중 한 가지를 다루고 있다는 것을 알면서 이야기하는 것에는 큰 차이가 있을 것입니다. 실제로 저도 60분법이 유일한 줄 알았다가 고등학생이 되어 라디안을 배운 것이 충격적이었습니다.

이렇게 개념을 연결시켜보고 나니, 수학을 공부하면서 학생들이 갖는 잘못된 개념에 대해서도 정리하고 싶다는 생각을 했습니다. 역량은 부족하지만 의욕은 강했습니다. 몇 번의 시도 끝에 관련된 책들을 찾아보았고, 그때 발견한 책이 『개념연결 초등수학사전』과 『개념연결 중학수학사전』입니다. 내용을 살펴보니 놀라웠습니다. 제가 하려 했던 작업들을 누군가 시간과 노력을 들여서 이미 해놓은 것입니다.

이 책들은 '사교육 걱정 없는 세상'에서 만든 책입니다. 20년 동안 수학 교사로 지내시다가 명예퇴직을 하고 '사교육 걱정 없는 세상'의 수학사 교육포럼 대표를 맡고 계신 최수일 선생님의 주도로 만들어진 책이지요. 정말 반가웠습니다. 이 단체는 제가 수업 자료를 준비하면서 즐겨 활용하는 『수학의 발견』이라는 수학 대안 교과서를 만든 곳이기도 합니다.

수학을 공부하는 방법에 대해
생각하는 시간이 되기를

건조기를 돌리는 것보다 햇볕에 빨래를 말리는 게 더 좋은 한여름에 글을 쓰기 시작했습니다. 여름 장마보다 더 긴 가을 장마를 보내면서 글을 다듬었고, 에어컨보다 보일러가 더 반가워지는 계절이 되면서 한 권의 책으로 나오게 되었습니다. 멈춰 있는 듯했지만, 많은 것이 변한 시기가 아니었나 생각됩니다.

글을 쓰는 과정은 나의 생각들을 정리하고 가다듬어가는 과정이기도 했습니다. 이제 남은 바람은 '아이의 수학'으로 고민하고 있는 부모님에게 조금이나마 도움이 되었으면 하는 겁니다.

저는 내향적인 사람 중에서도 더욱 내향적인 편이라 누군가와 대화를 하고 나면 자기 전까지 생각합니다. '그 말은 하지 말 걸 그랬나?', '아,

거기서 나도 이렇게 말했어야 하는데.' 하고 말입니다. 그런 경험이 반복될수록 대화를 이끌어가기보다 이야기를 듣는 것이 편합니다. 그런데 이 책에서 너무 많은 말을 해버려서 한동안은 힘들 것 같다는 생각이 듭니다. '아, 이 내용은 뺐어야 하나', '아, 거기서 이 말을 덧붙였어야 하는데' 하고 말입니다.

책을 내는 데는 약간의 뻔뻔스러움이 필요하다는 것도 알게 되었습니다. 글을 쓸 때는 그저 '나의 수학 이야기'를 마음 편히 이야기할 수 있어 즐거웠으나, 막상 책으로 만들어진다니 (여러 의미로) '괜찮을까?' 하는 생각이 들었습니다.

컴퓨터에게 상반되는 두 가지 일을 시키면 버퍼링이 걸려 작업을 하기 힘들어 합니다. 그럴 때면 강제종료 버튼을 누릅니다. 마찬가지로 저도 이 책을 쓰면서 '책을 만들어도 괜찮을까'란 생각을 하는 마음을 강제종료시키려고 노력했습니다.

　주말부부로 살면서 혼자 아이를 키우고, 학교에서 주어진 업무와 수업을 합니다. 다 잘 해내고 싶지만 체력도 정신력도 바닥을 칠 때가 많습니다. 그 와중에 나도 뭔가는 잘한다는 한 가지를 붙들고 싶었나 봅니다. 집에서도 학교에서도 내 일을 제대로 건사한다는 느낌이 없었는데, 그래도 수학 관련 책들을 읽으면서 학습지에 이거 넣어볼까, 시험 문제는 이렇게 바꿔볼까, 애들이랑 이걸로 이야기해봐야지 하는 생각을 할 때면 스스로 기특하기도 합니다. 그 기분에서 에너지를 얻었기에 다른 분들과도 나누고 싶었습니다.

　그동안 수학과 관련된 책들을 읽으면서 수학의 역사적 내용, 수학학습법과 관련된 내용, 수학교수법과 관련된 것, 순수수학에 대한 내용, 수학자와 관련된 내용 등을 다양하게 접했습니다. 받아들일 건 받아들이고, 버릴 건 버렸습니다. 그러면서 내 안에 자리 잡은 것들에 대한 이야기가 이 책에 담겨 있습니다. 이 이야기가 또 누군가에게 전해져서 수학에 대한 생각을 한 번 더 할 수 있게 한다면 그것으로 충분하겠지요. 꼭 저와 의견이 같지 않더라도 수학을 공부하는 방법에 대해 생각하는 시간을 가지게 되면 좋겠습니다.

　어쩌면 이 책에서 '고등학교에서 근무할 때, 모의고사 6등급이었던 아이가 나를 만나 수능 2등급이 되었다.'라거나 '초3부터 수포자였던 아이가 나를 만나 중학교 2학년부터 수학 공부를 시작해 내신 성적 100점을 받았다.'라는 이야기를 기대하셨을지도 모릅니다. 그러나 아쉽게도 제게 그런 경험은 없습니다. 수학은 앞 단계와 계속 연관되기 때문에 1년간 수학 시간에 저와 수업을 한다고 해서 그런 드라마틱한 효과가 나타나지는 않습니다. (만약 그런 분들이 있다면 배우고 싶습니다.) 고등학교 때 수업했던 학생이 서울대를 가기도 했지만, 제가 수학을 잘 가르쳐서 갔다고 말할 수는 없습니다. 수학을 안 하던 학생이 중학생이 되어 수학에 흥미를 갖고 성적이 많이 오른 경우도 있었지만, 그 아이는 책을 읽는 수준이 굉장히 높았습니다. 그저 '내가 겪은 수학'에 대한 이야기만 보고 초보 저자와 선뜻 출판계약을 해주신 행복한미래의 홍종남 대표님께 감사드립니다.

사랑을 받는다는 느낌이 어떤 것인지 알게 해준 남편에게도 감사합니다. 오늘은 뭐 먹을까 하는 걱정보다 오늘은 뭐 읽을까 하는 생각을 더 많이 하는 아내를 보며 "이해가 되지 않는다."고 말하면서도 책 읽을 시간을 만들어주었습니다. 계약하고 온 날 "과연 잘 쓸 수 있을까?" 걱정하는 나에게 고깔모자를 씌우고 케이크 파티를 해준 덕분에 그 힘으로 책을 마무리했습니다. 덕분입니다.

| 참고문헌 |

강석진, 『수학의 유혹』, 문학동네, 2002.

고중숙, 『수학 바로 보기』, 여울, 2006.

김상미, 『시간을 보는 아이 모링』, 씨드북, 2018.

김상미, 『오일러 패러독스』, 궁리, 2018.

나가노 히로유키, 『통계가 빨라지는 수학력』, 비전코리아, 2016.

러셀 에릭슨, 『화요일의 두꺼비』, 사계절, 2014.

론 아하로니, 『부모는 쉽게 가르치고 아이는 바로 이해하는 초등수학』, 글담, 2020.

롭 이스터웨이, 『나는 수학으로 세상을 읽는다』, 반니, 2020.

박성혁, 『이토록 공부가 재밌어지는 순간』, 다산 3.0, 2015.

박영훈, 『당신의 아이가 수학을 못하는 진짜 이유』, 동녘, 2015.

시노자키 나오코, 『일하는 수학』, 타임북스, 2016.

앤 왓슨, 존 메이슨, 『색다른 학교 수학』, 경문사, 2015.

앤드류 해커, 『수학의 배신』, 동아엠앤비, 2019.

유키 히로시, 『수학 걸』, 동아일보사, 2008.

이지연, 『그 집 아들 독서법』, 블루무스, 2019.

전국수학교사모임 중학수학사전팀, 『개념연결 중등수학사전』, 비아에듀, 2020.

전국수학교사모임 초등수학사전팀, 『개념연결 초등수학사전』, 비아에듀, 2019.

전위성, 『엄마의 수학 공부』, 오리진하우스, 2018.

조지프 로, 『생쥐를 초대합니다』, 다산기획, 2007.

최승필, 『공부머리 독서법』, 책구루, 2018.

코지마 히로유키, 『세상에서 가장 쉬운 통계학 입문』, 지상사, 2009.

하시모토 다케시, 『슬로리딩』, 조선북스, 2012.

현진(글), 정지윤(그림), 『설문대할망』, 이야기꽃할망 시리즈 32, 그레이트북스.

홍민정, 『고양이 해결사 깜냥 1』, 창비, 2020.

" 나는 우리 아이도
수학을
질히면 좋겠다 **"**